為替予想ができる完全マスター

Master the art of currency forecasting

角川総一
kadokawa soichi

世界一わかりやすい為替の本

ビジネス教育出版社

はじめに

　今、円相場をめぐって多くの人の想像を超える地殻変動が静かに、しかし着実に進行しています。このところ「50年ぶり」「30年ぶり」といった修飾語つきで、円相場に関連する報道が相次いていることにお気づきでしょうか？

　2023年9月、「**円の実力は50数年前に逆戻り**」というショッキングなニュースが報じられました。円の本当の実力が、53年前の1ドル＝360円の固定相場だった時代と同レベルにまで落ち込んだというのです。

　「そういえば」と思いあたる方も多いはずです。日本で1,000円のラーメンが、ロサンゼルスでは日本円で3,000〜4,000円、欧州ではビジネスホテルの1泊料金が3〜4万円なんて例はザラにあります。私たちの多くが気づかないうちに、海外旅行は高値の花となりつつあります。円の使い勝手がいつの間にか急落してしまったのです。

　「そういえば海外だけじゃなく、国内でもインフレでお金の価値は下がる一方だしな」。その通り。海外での円の使い勝手の悪さ（価値の下落）と、国内での円の価値の下落とは互いに関連し合っているのです。

　長年にわたり、世界から一目置かれてきた円相場ですが、2024年7月には一時1ドル＝161円台まで下落、**1990年以来約34年ぶりの円安水準を記録**しました。メディアはこぞって「30数年ぶり」の見出しでこの衝撃的な出来事を報じました。これに先だつ1年以上前か

らすでに、電気、ガス、ガソリン料金は見る見るうちに高騰、数カ月ごとに「〇月からの食品の値上げは850品目」といったニュースを私たちは頻繁に目にしていたのです。

　今、私たちの日常生活がかつてないほどの円安インフレの波に呑み込まれつつあることは、多くの方が実感しておられる通りです。

　マクロ経済に目を転じても、自動車、機械、電機、精密、さらには半導体を柱に、毎年のように巨額の貿易黒字を稼いできた日本は、**2020年から一挙に貿易赤字に転落**するという、かつては想像もできなかった事態が進行中です。

　さらには、ビジネスの分野でもこれまでに見られなかった新しい動きが続出。世界最大の半導体メーカーである台湾のTSMCが熊本に巨大な工場を建設、日本最大のコンビニを擁するセブン-イレブンが、カナダの同業から買収を持ち掛けられています。さらには近年、東京・六本木ヒルズや丸ビルなどには外国資本が相次いで流入しているほか、大阪・北浜の大型ビルがシンガポール系政府ファンドによって取得されるなど外国資本等参加も相次いでいます。

　これらすべての事象に、円相場の急激な変動がかかわっていることは言うまでもありません。

　あまり報じられませんが、実は、**円相場が日本経済に与える影響力は年を追うに従って強まってきています**。輸入依存度（GDPに対する輸入金額）は年々上がる一方です。身近なところでは食糧の自給率は下がり続けています。

　円安による物価高と言えば、原油などのエネルギー源や食料、鉱物資源に言及されることが多いのですが、実は国産食品の生産に欠かせない飼料、肥料のほか薬品の原料の大半は輸入に依存しており、

はじめに

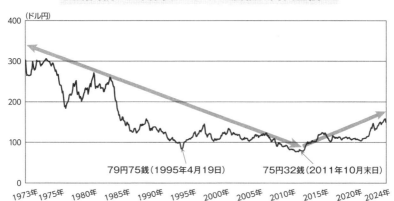

長期間続いた円高トレンドは反転、円安基調へ

その依存比率は年々高まっていることもあまり知られていません。

　戦後ほぼ一貫して基調的に円の価値は上昇、ドル換算すれば一時は米国と僅差で世界2位の経済大国にまで上り詰めた日本の国力（GDP）はすでに中国、ドイツに次ぐ4位。近いうちにインドにも抜かれて世界5位に転落するのは必至です。
　1994年には世界のGDPの18％を占めていた日本のシェアは今や4％。相対的な経済規模が小さくなるほど、海外からの影響をより強く受けることは言うまでもありません。そして海外からの影響の多くは為替相場を介してもたらされます。今や、かつてないほどに為替相場からの影響を強く受けつつある小国日本なのです。この事実は、これまで以上に私たちには為替相場に細心の注意を払う必要があることを示しています。

　2010年代初めまで続いた長期にわたる円高が、2013年から円安に転じてきたことは、私たちにこれまでとは異なる資産管理・運用の必要性を問いかけています。しかし、このことの本質を正しく理

解している人は多くありません。

「資産は円で持っていれば一応安心」「外貨投資はリスキー」という従来からの常識は、世界から見ればむしろ非常識であることに気づいている人は少ないのです。

本書は、為替について大所高所から論じるものではありません。むしろ、一般の生活者の目線に立ち、為替に関する基本的な知識を文字通りゼロ地点から解き明かしながら、これからの円相場の変動にどう具体的に対処するかという、実践的なテーマにまで踏み込んでいきます。

もちろんそのためには「そもそも為替相場はどんな原因で動くのか」「為替相場の変動が株価、金利、物価、金融政策にどう影響するのか」といった視点は外せません。

さらには、今、為替相場をめぐって起きている現実世界の動き、とりわけ日本経済がおかれた現状が、激変していることにも触れなければなりません。

本書は、為替が日本の産業構造や私たちの日常生活、そしてビジネスのあり方にどのような変化をもたらすのか、についても具体的に探っていきます。為替という視点から観察すると、私たちの生活やビジネスがいかに大きく為替に影響されているかが徐々に明らかになるでしょう。

近年の円安は、日本経済がいま経験しつつある未曾有の構造変化を象徴的に表しているとも言えるのです。

本書は、まず序章で為替についてまったく知識がない人でも理解できるよう、ごく初歩的な内容からスタートします。いくつかの小

話や寸劇を交えながら、誰もが抱くであろう素朴な疑問に答えることから始めます。

　第1章では外国為替市場の制度や仕組みについて、基本的な事項をひと通り取り上げます。ここで、外国為替市場のアウトラインを把握していただけるはずです。

　これに続く**第2章**、**第3章**は「為替相場を巡る基本的な経済メカニズム」です。第2章は為替相場が動く原因について、第3章は為替相場の変動がそれ以外の経済事情にどんな影響を与えるかを説明します。これらのメカニズムの基本がひと通りわかると、為替相場を巡る各種メディアの報道、解説が驚くほどわかりやすくなるはずです。

　第4～第5章では、為替相場についての各種データを正しく読む方法をお話しします。第4章でまず基本を説明します。ここではぜひ、新聞のほかスマホやパソコンなどを使って、実際にそのデータを参照していただきたいと思います。

　続く第5章は、為替相場をより深く理解するために、先物取引、実効為替レートといったテーマの解説とともに、データの読み方を具体的に説明していきます。

　とりわけ第5章では為替相場だけではなく、それに物価の動向を加味した上での、より実践的な為替相場の読み方についての基本を話します。キーワードは購買力平価です。名目上のドル円相場だけではなく、購買力平価という考え方を取り入れることで、より実践的な為替相場についての知識が得られるはずです。

第6章では、為替相場の基礎、データの見方を踏まえた上で、それを日常生活にどのように活用するか、というテーマを取り上げます。特に、個人が外貨を持つことがどんな効用をもたらすかについての基本を説明した上で、いくつかの実践的な為替相場の見方をご紹介してあります。

　また、外貨保有は単なる投資ではなく、まず保険機能に着目すべきであるということや、日本人と海外の人々との通貨に対する見方の違いなどを通じて、読者の皆様に金銭観や生計を維持していくための基本を見つめ直すヒントを提供しておきました。

　最後の**第7章**では、これからの為替相場の動きを読むために必要な、より実践的でかつ重要なテーマをピックアップしてあります。ここでも、第4章と同じように、参考になる各種ネットサイトをいくつか紹介してありますので、ぜひご自分でスマホ、パソコンなどで直接、資料などを参照することをおすすめします。

　本書が、外国為替という視点を通じて日本経済や社会の変化を見つめ直す機会となれば幸いです。ここに記された様々な知見は、個人や企業が今後の経済環境の変化に適応していくための重要な指針となるはずです。それを踏まえた上で、家計管理あるいはビジネスのいろいろなシーンで応用していただければ嬉しく思います。

　　2025年1月吉日

　　　　　　　　　　　金融データシステム代表　角川総一記す

　＊本書記載のURLならびにQRコードは、2024年10月現在のものです。その後、変更される可能性があることをご了解ください。

為替予想ができる完全マスター ● 目次 Contents

はじめに ……………………………… 3

序章　超初心者のための14の小話 …………………………… 13

- 序❶ そもそも外国為替取引ってどんなニーズから生まれたの？ ……… 14
- 序❷ 最近にわかに為替に関する情報が増えてきた。
  これは円相場が急に動き始めたから？
  それとも？ ………………………………………………………… 18
- 序❸ 為替相場が私たちの生活に与える影響は実感として
  今一つよくわからない？ ………………………………………… 21
- 序❹ 1ドル120円が150円になると円安って一体どういうこと？ …… 24
- 序❺ 「売り」と「買い」を同時に表現する外国為替って一体？ …… 27
- 序❻ 「円は対ドルでは上がったが、ユーロに対しては下がった」なんて
  わかりにくいね！ ………………………………………………… 30
- 序❼ 為替相場はなぜ「1ドル＝147円20銭〜22銭」なんて表示するの？ … 33
- 序❽ ニュースでいう為替レートと両替所のレートが違って損した気分！ … 35
- 序❾ 為替レートって誰がどこで決めるの？ ………………………… 37
- 序❿ 為替の世界ではドルが中心になって動いているっていうけど、
  なぜなの？ ………………………………………………………… 40
- 序⓫ 円高って自分たちが使っているお金の価値が上がってるんだから、
  歓迎すべきことじゃないの？ …………………………………… 43
- 序⓬ 為替相場に影響を与える要因ってあまりに多すぎて？ ……… 46
- 序⓭ 数字なしで「円高」「円安」を直感的につかむ方法 ………… 49
- 序⓮ 「失われた25年」なんて景気が悪かったのに
  なぜ円高が長く続いたの？ ……………………………………… 53

Chapter01

第1章　外国為替市場とは何？ ———————— 57

1-1 「外貨を持つことはリスク」はなぜ世界の非常識なのか？ ———— 58

1-2 外貨を持つとはどういうことか？ ————————— 62

1-3 為替依存度が高まる一方の日本経済① ————————— 65

1-4 為替依存度が高まる一方の日本経済② ————————— 69

1-5 2つの外国為替市場とその取引参加者① ————————— 75

1-6 2つの外国為替市場とその取引参加者② ————————— 79

コラム FX取引（外国為替証拠金取引）————————————— 83

1-7 為替市場は24時間眠らない ———————————————— 84

コラム 東京市場って東京にあるの？ ———————————————— 86

1-8 5つの為替レート ———————————————————— 87

コラム 通貨による異なるTTS、TTB間スプレッド ———————— 90

1-9 外国為替市場における実需と仮需 ————————————— 92

1-10 短期筋と長期安定投資家 ———————————————— 95

1-11 世界の為替相場は変動相場制だけではない＝変動相場制と固定相場制＝ — 98

1-12 中央銀行による市場介入とは ———————————————— 100

コラム レートチェックは介入間近のサイン ————————————— 102

コラム 米国は「為替操作国」を認定 ———————————————— 103

Chapter02

第2章　何が為替相場を動かすのか？ ———— 105

2-1 イントロダクション ———————————————————— 106

2-2 貿易収支が為替相場を動かす ———————————————— 109

2-3 金利⇒為替 ———————————————————————— 113

2-4 金融政策⇒為替 ————————————————————— 116

2-5 物価⇒為替 ———————————————————————— 119

2-6 投資動向⇒為替 ————————————————————— 123

2-7 地政学的リスクが為替に及ぼす影響 ————————————— 126

2-8 景気指標が為替相場に与える影響 ————————————— 129

10

Chapter03

第3章　為替相場が動けばどうなる？ 133

- ③① 為替⇒物価 134
- ③② 為替⇒輸出 137
- ③③ 為替⇒輸出（新常識）円安でも増えない輸出数量 140
- ③④ 為替⇒株価（原則） 144
- コラム 為替相場の変動が株価に与える影響 147
- ③⑤ 為替⇒株価（新常識）薄れてきた為替からの影響 149
- ③⑥ 為替⇒金利 154
- ③⑦ マーケットメカニズムを見る上での留意点 157
- ③⑧ 高金利通貨は買いか？ 163

Chapter04

第4章　為替データの読み方（基礎編） 167

- ④① 日増しに高まってきた為替相場の重要性 168
- ④② データの森に分け入る 171
- ④③ 東京外国為替市場の直物円相場を読む 173
- ④④ 対顧客為替相場の読み方 177
- ④⑤ クロスレートとは 180
- ④⑥ 為替レートの変動率をどう表現する？ 183
- ④⑦ ネットに見る為替関連の厳選情報サイト6つ 185
- コラム "円安というよりドル高"ってどういうこと？ 192

Chapter05

第5章　為替データの読み方（応用編） 195

- ⑤① なぜ為替先物取引は必要なのか 196
- ⑤② 為替先物相場の読み方 199
- ⑤③ 先物取引は為替リスクヘッジのためだけじゃない 203
- ⑤④ 為替ヘッジコストにご用心 205
- ⑤⑤ なぜ実効為替レートなのか？＝米ドル偏重の見方から脱する＝ 207
- ⑤⑥ 実効為替相場とは？ 210
- ⑤⑦ 実効為替レートを読む 211
- コラム 為替相場と為替レート 214
- ⑤⑧ 物価を考慮した実質実効為替レート 215
- ⑤⑨ 実質実効為替レートでみた円の実力は50年前に逆戻り 219
- コラム 国際貿易での決済通貨の多くは米ドルだからドル円レートだけを見ていればよい？ 223

11

Chapter06

第6章　外貨投資で資産を守る、育てる ──── 225

- ⑥① 外貨保有の目的は保険と投資の2階建て ──── 226
- ⑥② 低所得者家計へのダメージが大きい円安 ──── 229
- ⑥③ 外債ファンドのリスクが相対的に低い理由 ──── 232
- ⑥④ 日米株が為替相場から受ける影響は逆だった ──── 236
- ⑥⑤ 企業業績に直結する想定為替レートと為替感応度 ──── 240
- ⑥⑥ ドル建て日経平均株価で何がわかる？ ──── 242
- ⑥⑦ ドル円相場は圧倒的に米国側の事情で決まる ──── 245
- ⑥⑧ 米国のどこに注目するか①　経済統計データ ──── 250
- ⑥⑨ 米国のどこに注目するか②　FRBの金融政策 ──── 254
- ⑥⑩ 米国のどこに注目するか③　政治ほか ──── 258
- コラム　通貨の交換は同時に金利の交換を伴う ──── 262
- コラム　日本株高が外国人投資家の円売りを促す？ ──── 263

Chapter07

第7章　これからの為替相場を読むために ──── 265

- ⑦① 「円キャリー」がわかれば円相場はわかる① ──── 266
- ⑦② 「円キャリー」がわかれば円相場はわかる② ──── 269
- ⑦③ 円相場はジェットコースターだった ──── 272
- コラム　通貨別分散投資には限界ありとデータは言う ──── 274
- ⑦④ 世界が不安になると円高になるこれだけの理由 ──── 276
- ⑦⑤ 購買力平価を突き抜けて円安が進行① ──── 280
- コラム　購買力平価とビッグマック指数 ──── 283
- ⑦⑥ 購買力平価を突き抜けて円安が進行② ──── 285
- コラム　「ドル円相場が変わらないのに実質的には円安」ってどういうこと？ ──── 288
- ⑦⑦ ドル高が世界景気の低落を予想させる理由 ──── 289
- ⑦⑧ 原油価格とドル相場はなぜ逆行するのか？ ──── 293
- ⑦⑨ ドル円相場の季節性をどう読むか？ ──── 297
- ⑦⑩ 為替相場予測のための4つの視点 ──── 300
- コラム　円安により日本は稼ぐ国ではなく消費する国に ──── 305
- ⑦⑪ ビッグマック指数で有利な海外旅行先候補を見つける方法 ──── 307

12

序章

超初心者のための14の小話

そもそも外国為替取引ってどんなニーズから生まれたの？

　本章では、為替についてほとんど知識ゼロの方が抱く14の疑問を取り上げた上で、それぞれについてちょっとした寸劇、小話を用意しました。専門用語を避けながら、為替の最初の一歩を伝えていこうと思います。言わば「入門以前」。

　海外旅行や輸出入で異なる通貨を交換する必要が出てきたことが、外国為替のルーツだってことはおわかりですね。では、現在行われている為替取引の原型を見ることができる、17世紀のイギリスにまでさかのぼってみましょう。果たしてどんな風景がそこには広がっていたのでしょうか？

　ロンドン、17世紀。テムズ川を行き交う船の喧騒と、市場の人々の活気に満ちた声が街に響き渡っていた。そしてその先の広大な港には、世界中から集まった船舶が停泊している。大航海時代の幕開けだ。

　テムズ川の河畔にある東インド会社の事務所で、父の跡を継いで会社を率いることになった若き商人エドワードは、山積みの書類と格闘していた。

　「おいエドワード、またインドからの荷物の計算か？　香辛料の魔力にでも取り憑かれたんじゃないだろうな？」

　同僚のジョージが、陽気に声をかけてきた。エドワードは苦笑しながら顔を上げた。

　「ああ、そうなんだ。今回のコショウは特別上質なものが手に入っ

序章　超初心者のための14の小話

たらしいんだが、その分ルピーの支払いが少々ややこしくてね……」

　エドワードは、インドとイギリスの通貨の違いに頭を悩ませていた。インドではルピーが通貨として使われており、イギリスではポンドとシリングが使われていた。貿易を行うには、この異なる通貨を交換する必要があったのだ。

「交換レートってやつか？　聞いた話だと、最近はインドの商人が強気なため、向こうのペースで、レートが決められることが多いっていうじゃないか。気をつけないと、大損する羽目になるぞ」
　ジョージの言葉に、エドワードは表情を引き締めた。貿易は、未知なる世界との出会いを提供してくれると同時に、大きなリスクを伴うものでもあったのだ。

　貿易の歴史は古く、中世の大航海時代にまで遡る。コロンブスが新大陸を発見し、ヴァスコ・ダ・ガマがインドへの航路を開拓したことで、ヨーロッパの人々はそれまで知らなかった様々な商品を手に入れることができるようになった。東洋の香辛料や絹織物、新大陸の砂糖やタバコなど、人々は異国の品々に熱狂した。

当初、貿易は物々交換の形で行われていた。しかし、次第に金や銀などの貴金属が共通の価値尺度として用いられるようになり、やがて各国で独自の通貨が誕生した。通貨の登場は、貿易をより円滑なものにした一方、新たな課題を生み出すことになった。それは、異なる通貨間の交換レートをどのように決定するかという問題だった。

　当時の交換レートは、主に金や銀の含有量を基準に決められていた。しかし、金や銀の産出量や需要の変化、為替投機などによって、交換レートは常に変動していた。貿易商たちは、この変動リスクを見極めながら、取引を行う必要があったのだ。

　エドワードは、インドの商人との間で、コショウの価格をルピー建てで交渉し、それをポンド建てに換算して、最終的な利益を計算しなければならなかった。交換レートが少しでも不利になれば、せっかくの利益が消し飛んでしまう可能性もある。

　「やはり、もっと効率的に、そして安全に、通貨を交換する方法を見つけなければならない……」
　エドワードは、貿易の未来を案じながら、再び書類に向き合った。そして独りごちた。
　「そうか。1対1でインドの商人と交渉するのではリスクが大きすぎる。こちらからコショウを買いたいものを10人、20人集め、インドのコショウ商人にもほぼ同じ人数に集まってもらい、そこで集団で交渉して交換レートを決めるって方法はどうだろう」

　彼が直面した課題は、やがて銀行家や商人たちの間で共有され、その後、より洗練された為替取引システムの構築へと繋がっていく

ことになる。そして、それは現代の国際金融市場の礎を築く、重要な一歩となるのだった。

◇　　　　　　　　　　◇　　　　　　　　　　◇

　以上は大航海時代の初期を舞台に、イギリス商人の視点から描いたものですが、実際にはちょっと違ったものだったかもしれません。

　近代的な株式会社の原型とも言える東インド会社は、キリスト教布教の使命や軍事的支援を受ける時に、イギリスが半ば強引にインドから綿花やコショウを買い付けたため、自分たちに有利な交換比率を押し付けたことは容易に想像できます。

　いずれにせよ、最初はコショウなどの取引1件ごとに個別交渉で交換レートが決められたはずです。その後、より広範囲の参加者によってレートが決められ、それが多くの人に公開されるというように進んでいったのでしょうね。

　そして、この通貨の交換の仲介を専門に行う業者が自然発生的に生まれてきたのです。一定の手数料を取って通貨を交換する業者、つまり両替商の誕生です。

　そして両替商が、今日の銀行に発展していくことになるのです。

序 2　最近にわかに為替に関する情報が増えてきた。これは円相場が急に動き始めたから？ それとも？

　確かに数年前から円相場が乱調気味ってこともあります。でもそれだけじゃない。近年、日本の経済は為替相場からの影響をますます大きく受けるようになってきたという事情もあるのです。

　新社会人になってからというもの、ニュースを見るたびに「円安」「為替」といった言葉を耳にするようになった。学生時代はほとんど気にしていなかったのに、社会人になると経済の動きが、こんなにも自分のすぐそばにあるのかと、少し戸惑っている自分がいる。

「円安がここまで騒がれるようになったのって、やっぱり最近の為替の乱高下が原因なのかな？」

　同期入社の山下さんが、昼休みの雑談中につぶやいた。

「確かに、2020年頃から始まった原油価格の高騰や、2022年のロシアによるウクライナ侵攻の影響は大きかったよね。世界的なインフレで、海外はどんどん金利を引き上げているのに、日本は低金利政策を続けているから、円安が加速しているってニュースで見たよ」

と、営業部の鈴木さんがスマホを見ながら相槌を打つ。

「確かコロナショックから立ち直った2020年頃は1ドル110円くらいだったのが、2024年には一時160円台まで円安が進んだんだよ」

というのは資材部の林さん。

「円安で思い出したけど、この前の出張でアメリカに行った時、現地の物価の高さに驚いたよ！ ハンバーガーとポテトとコーラのセットだけで2,000円近くしたんだよ？ ちょっと観光気分で財布の紐を緩めたら、あっという間にドル札が飛んでいっちゃったの……」

と、山下さんが苦笑いしながら言った。

「でも、円安って、輸出企業にとっては追い風なんじゃない？ 株価も上がってたし……」

と、鈴木さんがつぶやく。

「確かに、一時は株価も上昇したけど、最近は円高に振れて、株価も乱高下しているみたいだよ。為替の影響って、思った以上に広範囲に及ぶんだな……」

と林さんがつぶやくと、皆、真剣な表情でうなずく。

　為替のニュースが増えたのは、何も最近の為替の乱高下が原因というわけではない。私たちの生活、そして経済は以前にも増して、為替の影響を強く受けるようになっているのだ。

「この間、『週刊ダイヤモンド』と『エコノミスト』をパラパラめくっていたら、日本経済が為替相場から受ける影響は着実に大きくなってきているっていうんだね。貿易額がGDPに占めるシェアは着実にアップしているし、工業製品における輸入品のシェアが上がっている。エネルギー資源の乏しい日本が大量に輸入している原油価格が一段と上昇したことなどが複合的に作用しているらしい」

と、コーヒーを飲み干しながら続けたのは林さんだ。

為替は、もはや一部の専門家だけの関心事ではない。私たち一人ひとりが、為替の動きとそれがもたらす影響について、きちんと理解を深めていく必要があるのだ。

　東南アジアや東ヨーロッパ、あるいは南米の人々は特に、為替に敏感だ。為替相場の動き１つで、自分たちの生活基盤が一気にひっくり返った経験を幾度となくしてきたから。自分たちが普段使っている通貨が暴落して物価が１年で50％アップあるいは２倍、３倍になる、なんてリスクは身に染みて知っている。

　だから彼らは、自国通貨以上に安定し、信頼できる金(きん)を重宝する。でも、日本はこれまでそんな経験はほぼない。しかし、今、日本はこれらの国の事情に少しずつ近づいていると見たほうがいい。

序章　超初心者のための14の小話

序 3 為替相場が私たちの生活に与える影響は実感として今一つよくわからない？

「株価や金利が上がった。それが私たちの生活に及ぼす影響はわかる。でも、最近だと円安で物価が上がっているというけど、これはほとんど海外での原油や穀物価格などが上がったのが原因であり、円安の影響はそんなに大きくはないんじゃないの？」

そんな感想を持つ人も少なくないと思うのですが、果たしてそうなのでしょうか？

「物価高騰が止まらないね。食料品も光熱費も上がって、生活は苦しくなるばかり……」

同期入社の鈴木さんが、ため息まじりにつぶやく。

「確かに。ニュースでは円安の影響って言ってるけど、原油価格の高騰とか、海外要因の方が大きいんじゃないのかな？　為替って、私たちの生活にどれくらい影響してるんだろう……」

吉田さんも、鈴木さんの言葉にうなずく。社会人になりたての私たちにとって、経済の仕組みはまだよくわからないことだらけだ。

「確かに、原油価格の上昇は大きいけど、円安の影響も無視できないよ」

営業部の田中さんが、私たちの会話に耳を傾けながら、話に加わった。

「例えば、1ドル10円の円安だと、物価は0.5％程度上昇すると言われているんだ。ここ数年で、1ドル100円台から150円台まで円安が進んでいるから、その影響は計り知れないよ」

「物価への影響はそれほど大きいということですか？」

「その通り。2022年初めから2024年末までに物価は約10％近く上がっているのだけど、その半分近くは円安の影響だと考えられるんだ」

田中さんは、さらに続ける。

「しかも、日本の輸入依存度は年々高まっている。25年前はGDPの5％程度だったのが、今では20％近くだ。つまり、私たちの生活は、以前にも増して為替の影響を受けやすくなっているんだ」

「それだけじゃないよ。肥料や飼料、医薬品など、輸入に頼っているものはたくさんある。これらの価格上昇も、円安の影響を大きく受けている。ニュースではあまり報道されないけど、私たちの生活の至る所に、円安の影響は及んでいるんだよ」

「日本への観光客がずいぶん増えたこともあるよね」

「そう。オーバーツーリズムの問題も起きている。宿泊代や高級レストランの料金も上がっているしね。輸出産業への影響も重要なポイントだね。円安でトヨタなどの輸出企業は史上最高の利益だ。つまり、それ以外の業種との格差が広がっているってことだ。これは当然従業員の賃金格差にも影響してくるんだ」

　私たちの生活に密着している物価の変動要因を分析することは難しい。とりわけ海外からの輸入品価格の上昇がどの程度為替からの

序章　超初心者のための14の小話

影響を受けているかは正確にはわからない。でも「10％の円安で1年後の消費者物価指数を0.5％引き上げる」というのは1つのめどになる。

　いずれにせよ、日本が今まで以上に為替相場からの影響を強く受けるようになってきたことだけは確かだ。この点については第1章で詳しく説明しよう。

序 4 １ドル 120 円が 150 円になると円安って一体どういうこと？

「１ドル120円が150円になれば、円安だというけど。今一つ直感的に理解できない」

結論からいうとその感覚はそれほどおかしくない。「１ドル120円」が「１ドル150円」になったら、一見すると円が高くなったと思うのも無理はありません。なぜか？

場面は、とある中学１年生の公民の時間。授業を終えるにあたって先生が「質問のある人」って呼びかけたのに応じて、普段はもじもじしてはっきりした物言いをしない太郎君がおずおずと手を挙げた。

「先生、わからないのは私だけかもしれないんだけど、ちょっと教えてもらえますか？」

「ええ、何かしら？」

「１ドル 120 円が 150 円になったら円安だって聞いたんですけど、なんだか直感的にピンとこなくて……」

「その感覚、むしろ正常よ。混乱するのがあたり前なの」

「え？どういうことなんですか？」

「『１ドル＝ 120 円』という表現では、実は『１ドル』が主語なの。だから、150 円になったということは、ドルの価値が上がったことを示しているのよ」

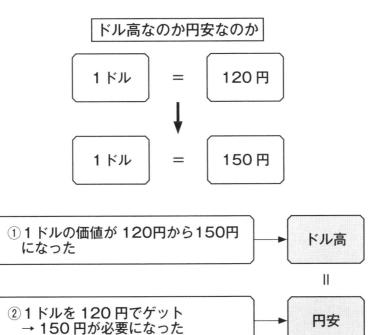

「でも、なぜそれを『円安』というんですか？ニュースなんかでは円安、ドル高って言いますよね」
「あ！だから混乱するのはあたり前なんですね！」

「そうよ。ではこんな風に考えればわかりやすいと思うわ。」

と、ホワイトボードに「ドル高なのか円安なのか」って図を描く。

「さあ、1ドル＝120円から150円になったっていうのは、ドルの価値が上がったのだからドル高ってことはわかるわね」

「うん、キャベツが120円から150円になったと同じことだね。こんな時にはキャベツ高だからね」

「そう。太郎君は面白い言い方をするわね。その通り。では今度は1ドルを手に入れるのに120円でOKだったのが150円必要になったと考えよう。するとこれは円の価値が下がったってことはわかるわね。つまり円安なんだ。
価値が下がったから、より多くの円を払わないと1ドルが手に入らないからね」

すると隣の席の関君が太郎君の耳に口を近づけてこういった。

「実は俺もあのところわかっていなかったんだ。お前のおかげでわかったよ、サンキュー」

太郎は心の中でガッツポーズを決めたのだった。

そういえば日本語と英語の語順はおおむね逆ですね。
「僕はなぜ1ドル=120円から150円への変化が円安なのかを考えていました」が日本語です。
英語では"I was thinking about why the change from 1 dollar = 120 yen to 150 yen is considered a depreciation of the yen."ですね？

序5 「売り」と「買い」を同時に表現する外国為替って一体？

「株とか金とか債券などは、単にあるものを「売る」か「買い」かの世界。でも為替の世界では、たとえば「円をドルに交換する」と言ったり「ドル売り円買い」と言ったりする。どうも言葉の使い方がわかりにくい」

確かに、買い物する時にはお金(円)をキャベツに換える、とは言わない。

初めての海外出張を控えていた新入社員の菜々子に、先輩の山田さんが、昼休みに声をかけてきた。

「菜々子ちゃん、海外出張の準備はどう？」

「はい、荷物の準備はほぼ終わったんですが……為替のことがよくわからなくて」

山田さんは微笑んで言った。

「そうだね。為替って難しく感じるかもしれないけど、実は私たちの日常生活とそんなに変わらないんだよ」

菜々子は首をかしげた。

「日常生活と同じ？　どういうことですか？」

「例えば、スーパーでキャベツを買う時のことを考えてみて。普通、『キャベツを買う』としか言わないよね」

菜々子はうなずいた。

「でも実際には、『円を支払ってキャベツを購入』しているんだ。同じように、株を買う時も『円を支払って株を購入』している」

「なるほど……。でも、それってあたり前すぎて意識したことがありませんでした」

「そうなんだ。『支払う』というのは手放す、つまり『売る』、ということだからね。でも、ただ為替の世界では、この『支払う』と『購入する』の両方を意識的に表現するんだ。『円を売ってドルを買う』とか『ポンドを売って円を買う』とかね」

菜々子は少し混乱した様子で言った。

「でも、なぜ為替だけそんな言い方をするんですか?」

「それは、為替が異なる通貨間の交換だからなんだ。キャベツを買う時は、円を使うのがあたり前だから『円を売る』とは言わない。でも為替では、どの通貨を売ってどの通貨を買うのかを明確にする必要があるんだ」

「そう言えば、海外旅行に行く時は『円をドルに両替する』って言いますね」

「そう、それも同じことだね。『ドルを手に入れるために円を売る』ということだ」

菜々子は少しずつ理解し始めた様子だった。

「じゃあ、海外の取引先から代金をもらう時は……」

「そう! 例えば、ドルで受け取った代金を円に換える時は『ドルを売って円を買う』わけだ」

序章　超初心者のための14の小話

「なるほど……。円を買うってことなんだ。為替って、結局はお金と別のお金を交換しているだけなんですね」

「そう。今の世界では、この通貨の交換がなければ国際的な取引は成り立たない。だから、為替レートの変動が経済に大きな影響を与えるんだ」

「ありがとうございます、山田さん。為替の本質がちょっぴり身近に感じられたような気がします」

「よかった。海外出張、頑張ってきてね。そして、日頃から為替レートにも注目してみるといいよ。きっと、もっと面白く感じられるはずだから」

　言葉使いって結構大事だと思う。実は私たちが日常何気なく行っている「買う」という行動。これ、ほとんどは「円を売って」いるんですね。あるいは、円を何かに「交換」しているといってもいい。
　さらには、何かを買う（手に入れる）ためには何かを売らなければ（手放さなければ）ならない。まさにGive & Take。経済活動はこれが基本なんだね。
　働くこともそう。賃金を得るためには自分の時間と労働力を手放す。時間と労働力を手放して（売って）、賃金を得る（買う）といってもいい。

「円は対ドルでは上がったが、ユーロに対しては下がった」なんてわかりにくいね！

「株式や債券では上がったとか下がったというのは直感的にすぐわかる。でも為替相場だと『円は対ドルでは上がったが、ユーロに対しては下がった』なんてことがよくある。いったい円高なのか円安なのか？ どうもわかりにくい」

そう。確かに基準がいくつもあることは間違いない。しかし、これも見方を変えるとそんな難しいことではない。

「株や債券なら上がった、下がったで済むんだけど、為替だと『円は対ドルでは下がったけど、ユーロに対しては上がった』なんて言われると、もう頭がぐるぐるしちゃって……」と入社3年目の翔太さん。

先輩の麻衣さんが、そんな翔太さんの様子を面白がっている。

「翔太さん、まだ円高、円安で混乱してるの？ 大丈夫、簡単に説明してあげるわ」

麻衣さんは、ホワイトボードに「円」と書き、その横に「トマト」と「キャベツ」の絵を、右半分には「1ドル」「1ユーロ」を描いた。

「私たちがスーパーでキャベツやトマトを買うのと、円をドルやユーロの紙幣に換えるのも理屈は同じことなの。どちらも円を払って買い物をするんだから」
「で、キャベツが値上がりしてトマトの値段が下がったとするね。この時、私たちはキャベツが上がった、トマトの値段が下がったっていうわね」

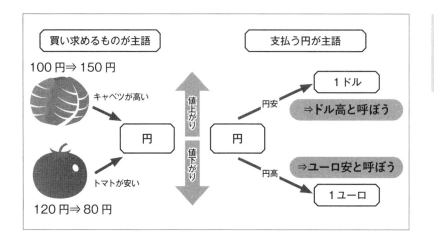

翔太さんはおどけて

「キャベツ高、トマト安だね。そうそう。じゃあ、同じようにドルの値段が上がって、ユーロの値段が下がったとするね。この時には多くの人はあたり前のように円安とか円高っていうのよね」
「さっきのキャベツとかトマトの時のように買うものの値段が上がった、下がったとは表現しないのが普通なんだよね。
そうか。本当だったらドル高とかユーロ安といえばわかりやすいのにね」

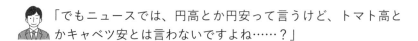
「でもニュースでは、円高とか円安って言うけど、トマト高とかキャベツ安とは言わないですよね……？」

「ふふっ、鋭い質問ね。日常生活では、翔太さんが言ったみたいに『トマトが安い』『キャベツが高い』って表現する方が自然よね。でも、為替の世界ではなぜか『円』を主語にして話す人が多いの。だから混乱しちゃうのよ」

「なるほど……。じゃあ、ニュースで『ユーロに対して円高』って言ってたけど、『ユーロ安』って思えばいいんですか？」

「その通り！ 実際、為替のプロたちは『円高』とか『円安』なんて表現は使わないわ。『ドル高』『ユーロ安』みたいに、売り買いの対象となる通貨を主語にして話すの」

　麻衣さんは、「プロは『円高』『円安』なんて言わない！」とホワイトボードに書き足した。

「つまり、ニュースで円高、円安って言われても、何を基準にするかで、高いか安いかが変わってくるってことですね！」

「そう！ そんな風に売り買いする対象物を主語にイメージしたら簡単だわ。対ドルでは円安、って言われれば『ドル高のことね』とか、ユーロに対しては円高、と言われたら『ああ、ユーロ安ってことね』とイメージすればいいだけなんだ」
「実際、プロは円安、円高って言葉を単独で使うことはないわね。ドル高・円安とか、ユーロ安・円高っていう風に表現するわ」

　麻衣さんの言葉に、翔太さんはうなずく。

「麻衣さん、ありがとうございます！ これからは、トマトとキャベツを思い浮かべながらニュースを見ます！」

　為替のプロは「ドル高」とか「ユーロ安」というように表現します。彼らは外貨を売ったり買ったりするのが仕事です。であれば、売り買いの対象とすべき外貨を主語にして為替の変化を表現するのは、あたり前のことなのです。
　実際に米国株に投資している人なら、間違いなく「円高・円安」ではなく「ドル安・ドル高」とイメージしているに決まっているのですから。誰だって、売り買いするものの値段が上がっているのか下がっているのが気になるのですから。そうでしょ。

序章　超初心者のための14の小話

序7 為替相場はなぜ「1ドル＝147円20銭〜22銭」なんて表示するの？

「株とか債券、あるいは金の相場なんかは価格は1つだけ。なのに、円相場だとニュースなんかでは「午後5時現在1ドル＝147円20銭〜22銭で取引されています」なんていう。あれ、どうもわかりにくいんだけど」

ニュースで報じられる為替レートは、金融機関の間で取引されているものなのですが、一定の幅を持たせた上で表現されますね。1つではありません。なぜか？

夕方のニュース番組を見ながら、健太さんは首を傾げている。

「『……午後5時現在の東京外国為替市場、円相場は1ドル＝147円20銭〜22銭で取引されています……』って、あれ？株や金（きん）の相場なら1つの価格なのに……」

不思議に思った健太さんは、先輩の美咲さんに尋ねてみた。

「美咲さん、為替ってなんで価格に幅があるんですか？　株価みたいに1つの値段じゃないんですね」

美咲は、お茶を口に含みながら答えた。

「為替相場はね、世界中の銀行や企業などが絶えず取引を行っているんだけど、それぞれが取引したい価格が微妙に違うのよ。例えば、銀行なんかだと、『この価格で買いたい』という希望と、『この価格で売りたい』という希望の両方を提示することが多いの」

「へぇー、世界規模の値段交渉ですね……」

「そうね。でも、売りたい人と買いたい人の希望価格がピッタリ合うとは限らないでしょ？ そこで、ある程度の幅を持たせて、『この範囲なら取引が成立する可能性があるよ！』ということを示しているわけ。それがニュースで言っている『147円20銭〜22銭』なの。『147円20銭だったら買いたい』、『22銭だったら売りたい』という人がいるということなのよ」

「なるほど！ 買い手と売り手の希望価格の幅ってことですね！」

「そう！ だから、あまり深く考えずに、『大体147円20銭くらいかな』って思っておけばOKよ！」

◇　　　　　◇　　　　　◇

　ちなみに「東京市場の午後5時現在の相場」として流れるニュースのデータは、日銀が毎日、市場に参加している金融機関などから聞き取って発表しているレートです。

ニュースでいう為替レートと両替所のレートが違って損した気分！

「朝方のニュースでは『ドル円相場は147円20銭〜22銭近辺で動いています』って言っていたんだけど、いざ空港の両替所に行ってみると151円くらいだった。なんだか損したような気になったんだけど」

確かに、株式などとはちょっと違います。株では原則として同じ時刻だったら値段は1つだけ。でも為替はちょっと違う。これもそんなにむずかしい話じゃありません。

ゴールデンウィークに友人とのアメリカ旅行を計画していた私。準備万端！ と思っていた時、朝のニュースで「円安がさらに進み、ドル円相場は一時147円台前半を記録」という速報が。

「円安だと旅行費用がかさむな……」とちょっぴり憂鬱な気分で空港の両替所に行くと、電光掲示板には「USD（米ドル）151円」と表示されている。

「ニュースでは147円台前半って言ってたのに、なんでこんなに高いんだ？」

腑に落ちないままドルに両替した私は、出発ロビーで、金融機関で働く先輩の理沙さんに電話して聞いてみた。

「それは為替の『卸値』と『小売値』の違いだよ」

と理沙さん。

「卸値と小売値？」

「そう。スーパーに例えると、農家から仕入れる時の価格が『卸値』、消費者が購入する価格が『小売値』。為替も同じなの」

理沙さんは続けた。

「ニュースで報道されるのは銀行間で取引されている『卸値』。あなたが空港で見たのは、銀行が手数料を上乗せした『小売値』だったのよ」

「為替って、株式投資みたいに『同じ時間でも１つの価格』ではないんだね」

　特に個人が少額の通貨の交換で両替所などを利用する場合は、手数料や運営コストが馬鹿にならないため、その差は大きい。また、普段の取引が少ない通貨については、価格変動が大きくなって、業者が抱えるリスクも大きくなるため、その差はより大きくなるのが普通だ。

9 為替レートって誰がどこで決めるの?

　さて、為替レートは誰がどこで決めているのか?　こんな疑問を持つ人も多いだろう。しかし、この質問には「決める」とあるのだけれど、これはちょっと違うんだね。より正確に言うと「決まったレートをもとに、銀行などが決めたものが実際の取引で使われる」といった方がいい。どういうことか?

　為替レートは誰がどこで決めているのか?　こんな疑問を持つ人も多いだろう。

　会社の経理部で働き始めたばかりの佐藤さんが、商社に勤める友人の山田さんと飲みに行き、ビールを片手に、彼はその疑問を口にした時の場面をのぞいてみよう。

「ねえ、為替レートって誰がどこで決めてるのかな?　なんかイメージがわかないんだよね」

　山田さんは少し考えた後、笑顔で答える。

「2つに分けて考えてみたらわかりやすいかな」

「え、どういうこと?」

　山田さんは続ける。

「まず、プロの市場ね。ここは世界中の銀行や保険会社、証券会社なんかが集まるプロの市場なんだ。いろんな通貨の売り買

いが文字通り秒単位で行われている。ともかく、ここでドルと円、ユーロと英ポンドなどの交換レート次から次へと決まって行くんだ。中央卸売市場で魚や野菜の値段が決まるみたいなイメージだね。もっとも為替の世界は、売り手も買い手も大勢いて、もっと複雑な動きをしているんだけどね」

「なるほど、プロの市場があるんだね。でも、そのレートを基にして、どうやって銀行が一般の企業や個人との間のレートを決めるの？」

と佐藤さんはさらに質問した。

「ああ、その前にプロが行う為替の取引って言っても場所があるわけじゃない。銀行同士が電話やコンピュータで取引する様子、映画で見たことない？」

「あ！　あの、数字がバーって並んでいるモニターに向かって売り、買い注文を繰り返しているシーンだよね？」

「そうそう！　あんなイメージだ。それでさっき君が言い始めた、どうやって銀行が一般の企業や個人との間のレートを決めるのかってことだね。それが言ってみれば『みんなの市場』だ。」

と山田さんは応じる。

「プロの市場で決まったレートを基準に、銀行はいくらかのマージンを乗せて企業や個人向けにドルやユーロの売買レートを決めるんだ。これも、中央卸売市場で決まったマグロやスイカの値段を基にして、スーパーでの価格が決まるのと同じだ」

「じゃあ、逆にプロの市場での売り買いの注文は何に影響されるの？」

山田さんは腕組みしながらいう。

「うん。それも、魚や野菜の値段が決まる時と同じ原理だよ。スーパーでサンマが人気だと、中央卸売市場ではサンマの買いが増える。逆に、漁獲量が減ると、出荷量が少なくなって、値段が上がる。為替市場でも同じことが起こるんだ」

「なるほど、最終的に企業や個人がどんな通貨を必要としているかによって、プロの市場での需要と供給のバランスが決まるんだ」

「そうそう！　その通り。銀行も、企業からドルの買いが多い時には、ドルの買いを増やす。そうすると、ドルの値段が上がっていく。逆に、ドルを売る人が多いと、銀行もドルの売りを増やすので、ドルの値段が下がるんだ」

◇　　　　　　◇　　　　　　◇

　プロ同士が取引する市場で決まった為替レートが基準になって、企業や個人向けレートが決まる。しかし、そもそもプロ市場で決まるドルやユーロや円のレートは、企業や個人がどんな通貨を必要としているかを反映している。

　つまり、互いに影響を与え合っているんだね。一方が"主"で他方が"従"という関係ではない。このテーマについてはもう少し専門的に75ページ以降で説明します。

序 10 為替の世界ではドルが中心になって動いているっていうけど、なぜなの？

「世界中の人たちが日常使っている通貨は違うってことは知っている。だいたい国ごとに違うこともね。でもニュースなんかでは必ず1ドル＝147円っていうように、ドルが基準になっている。なぜなんだろう？」

ジイジイジイジイ——……。

5時間目のチャイムが鳴り終わると同時に、日差しが差し込む窓の外から蝉の声が一層大きく聞こえてきた。

「はい、皆さんこんにちは。今日は為替レートについての勉強だよ！」

明るい声とともに教卓に教科書を広げたのは、公民担当の新任教師、田中先生だった。

「為替レート……ってなんですか？」

クラスのムードメーカー的存在、サッカー部のキャプテン、翔太君が、少し眠そうに手を挙げる。

「ナイス質問、翔太さん！　山田君。為替レートというのは、異なる国のお金の交換比率のことだよ。ほら1ドル147円とか、あれだよ」

「あ、海外旅行に行く時に、円と引き換えにドルなんかに換えるあれですね」

と翔太君は納得。

「でも先生、ニュースでは、いつも『1ドル=147円』みたいな言い方をしてますよね。なんでドルばっかりなんですか？」

田中先生はうなずく。

「鋭いね、山田君。実は、世界には159種類もの通貨があるんだ」

「えー！ そんなにあるんだ！」

と翔太君はうなずく。

「そうなんだ。でも、すべての通貨の関係を一度に説明できないよね。だから、世界中で最もよく使われている米ドルを基準にすることになっているんだ」

「でも、なんでドルが中心なんですか？」

「そうだね。いくつかの理由がある。まずは米国が世界で最大の経済大国であることだね。それ以外にもあるんだけど、それは6年生になってからもう少し詳しく習うはずだよ」

「英語が国際語みたいな感じですね」

と、教室の端から声が上がった。

「その通り！ いい例えだね。英語が世界共通語であるように、米ドルは世界の経済で共通尺度なんだ」

「じゃあ、円の価値が上がったり下がったりするって、ドルと比べて……ってことですか？」

と、翔太君が再び質問した。

「そうだね」

　米ドルが為替の世界で基準になっているのには、もちろん理由がある。経済が圧倒的に強いことや軍事力でも他の国を圧倒している。世界の貿易取引では米ドルが45％を占めている。ユーロは15％、日本円は８％、英ポンドが７％というのに比べ圧倒的だ。
　そういえば、インターネットの世界でも英語が中心になっているよね。

序 11 円高って自分たちが使っているお金の価値が上がるってるんだから、歓迎すべきことじゃないの？

「私たちの使っているお金の価値が上がることは歓迎」

こうイメージしている人もなかにはいるかもしれない。確かに個人の立場からみると、そう思っても不思議じゃない。でも、これじゃとてもじゃないけど1人前の社会人としてはやっていけない。なぜか？

新人営業マンの健太さんに先輩の美咲さんが、心配そうに声をかける。

「どうしたの、健太さん？ 元気がないみたいだけど」

「実は……円高が進んでいるっていうニュースを見て、ちょっと不安になってしまって……」

健太さんは眉をひそめた。

「円高？ でもとりあえず海外旅行に行きやすくなるから、いいじゃない？」

美咲さんは、海外旅行好きで知られていた。

「確かに、旅行好きの美咲さんから見れば、円高は嬉しいことですよね。1ドル200円が100円になったら、200円じゃなくって、100円で1ドルに交換できるんですからね。僕も、海

外旅行が得になるのは嬉しいです。でも、僕たちの会社にとっては、そうとも言えないから……」

　自分が担当している海外向け文具販売のことを念頭に、健太さんは続ける。

「例えば、私たちが200円で売っているボールペンね。1ドル200円だと、アメリカの子どもは1ドルで買えるってことですね。でも、円高が進んで1ドル100円になったら……」

「そうか、1ドルじゃ買えないか！」

円高（ドル安）を手放しで喜べない理由

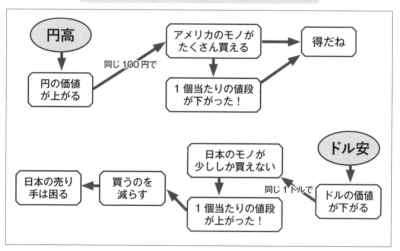

「そう。1ドル100円になったら、アメリカの子どもたちは、2ドル、つまり倍のお金を払わないと買えない」

「そうか。アメリカの子どもたちにとっては、日本のボールペンが値上がりしたことになるのね」

「そう。すると、今までと同じようには売れなくなる可能性が高い。そうなると、会社の売り上げも減るのは目に見えています……」

「なるほどね。円高は、海外旅行に行く人や、海外の商品を買う人にとっては嬉しいけど、輸出をしている会社にとっては、必ずしもよいこととは言えないわね」

「そういうことです。私たちのボーナスも削られるかもね。海外での販売戦略の見直しの指示が来るかもしれませんね。円高だからといって、嘆いているわけにはいきませんからね。品質改良への要請が強まるかもしれませんね！」

◇　　　　　　　　◇　　　　　　　　◇

　経済は双方向。買いがあれば売りがある。つまり買い手にとって条件がよくなるってことは、逆に売り手にとってはマイナスだ。個人はモノを売るより買うという機会が圧倒的に多い。だから消費者っていう。
　しかしモノ、サービスを生産している企業は、買いよりも断然売るチャンスが多い。つまり、為替相場が経済社会全体に与える影響を考えるには、買い手と売り手とでは逆だというイメージが必要だ。

為替相場に影響を与える要因って あまりに多すぎて？

「株だったら業績と金利と為替を見ていればだいたいわかるけど、為替に影響を与える要因は、それこそあまりに多すぎて整理しきれない気がするんだけど」

「もう！為替の動きって、なんでこんなに複雑なのよ！」

入社して半年、商社で働くアヤカさんは頭を抱えていた。

学生時代、投資に興味を持って株の勉強をしていた彼女は、為替の複雑さに面食らっていた。株価なら、企業の業績、金利、為替といった要素である程度予想が立てられる。しかし、為替となると、考慮すべき要素が多岐に渡りすぎて、予測がまったく立たないのだ。

「先輩、為替って、一体どんな風に動いているんですか？この間まで金利だ金利だって騒いでいたと思うと、米大統領選でトランプの再選が固いとの見方が優勢になってきたのでドル高だとか、なんか振り回され続けている感じ……」

やや投げやり気味のアヤカさんに、貿易部門のエースとして活躍する先輩のユウキさんは話しかける。

「そうだね。為替を理解するコツは、"ヒト・モノ・カネ"に分けて考えるとわかりやすいかもね」

「ヒト・モノ・カネ……？」

アヤカさんは首を傾げた。ユウキさんはホワイトボードに円を描き、その回りに「ヒト」「モノ」「カネ」と書き込む。

「経済っていうのは、突き詰めれば『人』が動かしている。人が動けば、お金もモノも動く。そして、その動きが為替に影響を与えるんだ」

　ユウキは「ヒト」と書かれた部分を指差した。

「例えば、海外旅行。君も円安で海外旅行しにくくなったって嘆いていたよね？　あれは、円安になると海外旅行が割高になるから、旅行者が減る。逆に、円高になれば海外旅行が安くなるから、旅行者が増える。それによって円とドルの売り買いのバランスが変わってくる。つまり、人の動きが為替と連動しているんだ」

「なるほど……。でも、人の動きだけじゃなく、政治も関係しますよね？　さっきも言ったけど自国ファーストを掲げる共和党が政権を取ったら、米ドル高になったって……」

為替相場に影響を与える三大要素

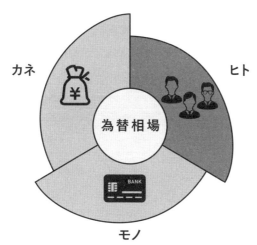

「いいところに気がついたね。政治も人の動きに影響を与える大きな要因の1つだ。自国ファーストを掲げる政党は、保護貿易政策を取りがちだ。関税が上がれば輸入品の値段が上がり、物価全体が上昇する。そうなると、金利も上昇し、結果的にその国の通貨は買われて高くなることが多い」

ユウキさんは次に「モノ」の部分を指した。

「次に『モノ』の動きだけど、これは貿易のことだ。日本が自動車をたくさん輸出すれば、海外から円が流れ込むから円高になる。逆に、原油をたくさん輸入すれば、円を売ってドルを買わなければいけなくなるから円安になるんだ」

「輸出入と為替の関係はなんとなくわかります……」

「最後は『カネ』だ。これは国境を越えた投資が中心になる。君が米国株で運用する投資信託を買う時、君が払い込んだ円はドルに換えられて米国株に投資するから、ドルが高くなるわけだ」

「なるほど…！」

「もちろん、これ以外にも様々な要因が為替に影響を与える。でも、基本はこの『ヒト・モノ・カネ』の動きを押さえておけば、為替の動きも少しずつ読めるようになるはずだよ」

◇　　　　　◇　　　　　◇

　ヒト、モノ、カネというが、最終的にはカネの動きで為替相場は動く。ある国にお金が流れ込んだらその国の通貨が上がる、っていうイメージだね。それに、為替に影響を与える要因は多いと言っても、基本を押さえておけばだいたい読める。詳しくは第2章で。

13 数字なしで「円高」「円安」を直感的につかむ方法

　どんな分野においても「〇〇がわかる」とは「〇〇に関する情報の意味が読み取れる」ということ。であれば、為替がわかるとはどんな情報を読みこなせることなのでしょう？　元も基本になるのは、たとえば次のようなコンテキストです。

　「1ドル＝120円へと円高が進展したため、トヨタ自動車株は売られ大幅安」

　ではこれをどう理解すればいいのか。一般的には数字を使って説明されます。「1ドル150円から120円へ円高になれば……といったように。本書の第3章ではそんな説明もします。
　しかし、その前にここでは一切数字なしで、円高がトヨタの株を下げるわけを直感的に知る方法をご紹介しておくことにします。さて……。

　中学1年生の教室。窓から春の陽光が差し込む中、社会科の藤田先生が黒板の前に立って語りかける。

「みんなも知っているかな。最近為替相場がものすごい勢いで動いている。そこでだ。今日は円高・円安について、これ以上は無理っていうくらいやさしく説明しようと思うんだ」

といたずらっぽい笑顔で語りかける藤田先生。

　先生は黒板にシーソーの絵を描いた上で、片方に「円」、もう片方

に「ドル」と書き込みます。

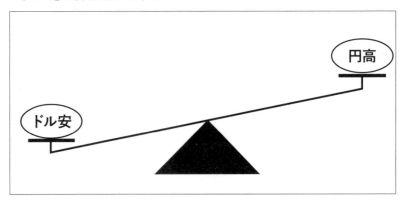

「円とドルの関係はシーソーみたいなものなんだ。逆に動く。円高になると、ドル安になる。円の価値が上がり、ドルの価値が下がるんだね。これを覚えておいてね」

「じゃあ、クイズだよ。円高になると、日本の会社の輸出はどうなると思う？」

みんなが互いに顔を見合わせている中で、最前列の席から

「難しくなる……かな？」

とボソッとした声でヒトシ君。

「その通り！　でも、どうしてだかわかる？」

藤田先生が問いかけると、今度は沈黙が広がります。

「じゃあ、こう考えてみよう。トヨタ自動車が車を米国に売って、お金をもらうとするね。そのお金はドルだよ。でも、円高ってことは、ドルの価値が下がったってことだよね」

藤田先生はポケットから小さな車のおもちゃを取り出し、机の上に置き、その脇にオモチャの100ドル札を並べていきます。

「つまり、同じ車を売っても、価値が下がったドルをもらうことになるんだ。だから、トヨタ自動車は損をしちゃう」

「じゃあ、円安の時はどうかな？　今度は輸入について考えてみよう。例えば、ガソリンはどうなると思う？」

「高くなる！」

「そうだね。でも、なぜだろう？」

　先生はペットボトルを取り出し、

「これが原油だとしよう」

と言いながら、黒板の前に立ちます。

「日本のENEOS、日本でも一番大きな石油会社だね。原油を海外から買う時、円で支払うんだ。でも、円安で円の価値が下がったんだから、同じ原油を買うのに前よりたくさんの円が必要になるよね」

　先生は、ペットボトルの周りに1万円札を模した紙を何枚も並べていく。

「つまり、円安になると、原油を買うための円により多くの円を支払わなくちゃならない。だから、ガソリンの値段も上がってしまうんだ」

「なるほどね〜」「あ、そうか」

◇　　　　　　　　　◇　　　　　　　　　◇

　円高、円安が日本の輸出入に及ぼす影響。これは何をさておき、為替相場の変動が日本経済に与える影響を認識するための第一歩です。

　輸出の場合、円高・ドル安だと受け取ったドルの価値が下がっているんだから、トヨタは損。逆に円安になった時に輸入する場合は、価値が下がった円で支払うんだから、より多くの円が必要だということ。つまり、原油の購入価格が上がる。ただ、これだけのことなのです。

　もっともこれは基本中の基本。輸出代金をドルではなく円で支払ってもらう時にはどうか、といったテーマについてはやはり、数字を使う方がわかりやすい。これは第3章をぜひご覧ください。

序章　超初心者のための14の小話

「失われた25年」なんて景気が悪かったのになぜ円高が長く続いたの？

「景気がよい国の通貨は買われて高くなる、というのは直感的にわかりやすいのですが、現実はそうではありませんね。1990年頃にバブルが崩壊してから日本経済はずっと世界の中でも一番景気が悪かったのに、なぜ円高が続いていたのか？　矛盾すると思うのですが」

確かに1990年代半ばから2012年頃までは、「景気が悪いにも関わらず円高」という状態が続きました。これは一見して理解に苦しむ人が多いでしょうね。

商社に入社以来、初めて資材調達部に配属になった佐藤さん。様々な資材の輸入事務を始めてから、為替レートの変動についての初歩的な勉強を始めていた。ある日、先輩の田中さんに質問してみた。

「田中さん、景気と為替の関係について教えてください。景気がよい国の通貨は高くなるって習ったんですが、日本の場合はそうじゃなかったですよね。確か私が学生だった頃、失われた20年とか言って、日本は景気が悪かったのに円高が進んでいた記憶があるんですが」

「なるほど、いい質問だね。確かにそうだ。例えば、1990年代のバブル崩壊から20年以上、日本の経済についてのニュースは暗い話題が多かった。世界的に見ても、日本経済は低迷していたんだ」
「でも、不思議なことに円高が続いていたんだよね。1990年頃

は1ドル=150円だったのが2011年には一時75円まで進んだからね。ドルに対する価値は2倍になったんだから驚きだ」

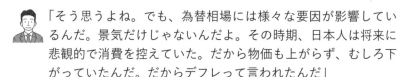

低成長（デフレ経済）の下で進行した円高

― 実質GDP前年比（左軸）　― ドル円相場（右軸）

「えっ、それって矛盾してませんか？」

「そう思うよね。でも、為替相場には様々な要因が影響しているんだ。景気だけじゃないんだよ。その時期、日本人は将来に悲観的で消費を控えていた。だから物価も上がらず、むしろ下がっていたんだ。だからデフレって言われたんだ」

「それじゃ、円は世界から見捨てられて安くなるのが理屈じゃないんですか？」

「いや、逆なんだ。物価が下がったことで、海外の人々にとって日本の製品が値段の点で魅力的になったんだ。例えば米国人は『自国で買うより日本で買うほうが得だ』と考えて、ドルを円に換えて日本製品を買いまくったんだよ」

「へえ、そんな理由があったんですね」

「そうなんだ。さらに、個人消費が低迷している時は企業の生産物が余るから、輸出に力を入れるんだ。日本企業は米国向け輸出を増やして、そこで得たドルを円に換えて国内に持ち込んだ。ドルが売られて円が買われるから、これも円高の要因になったんだよ」

「なるほど……そうか。つまり、『景気が悪いから円安になる』という単純な図式だけでイメージしていたらまずいんですね」

「その通り！　様々な要因が絡み合っているんだ」

「為替って本当に奥が深いんですね」

「そうだね。どの要因が強く影響するかで、実際の為替レートが決まるんだ。1990年代から2012年頃は、『景気悪化→個人は買わない→輸出が増える→円高』という流れと、『日本の物価が安い→海外からの買いが増える』という要因が強かったんだよ」

「わかりました！　為替をめぐる因果関係は単純じゃないだけに勉強しがいがありますね。ありがとうございます」

「いい質問をしてくれてありがとう。為替を理解することは、うちのようにグローバルビジネスを展開する会社では今や必須なんだ」

　為替相場に影響を与える要因は数え切れないほどあり、そのうちどのエネルギーが一番強いかで、その動きは決まる。また、時期に

より、為替相場に影響を与える要因が変化することもよくある。

　以上のように、直感でイメージするのとは逆の因果関係が働くことも珍しいことではない。だからこそ、為替についての因果関係の基礎はひと通り学んでおく意義があるんだね。

第1章
外国為替市場とは何？

Chapter 1

「外貨を持つことはリスク」はなぜ世界の非常識なのか？

「私達は円で買い物をするでしょ。ということは、円で持っているのが一番リスクがないということ。だってドルで持っていると、円に換える時に損する可能性があるもの」。

こんな"常識"を見聞きするにつけ、私は次のエピソードを思い出すのです。以前の著作でも触れた内容なのですが、どうしても伝えたいので改めて記します。

もうかれこれ20年以上前のことになるでしょうか。韓国の大手証券会社が最初に東京に設置した駐在員事務所所長のK氏と、一時期頻繁に会っていたことがあります。彼が京都のD大学経済学部で金融先物取引についての修士論文を仕上げる時、そのリライト（書き直し、仕上げ）を手伝ったのが縁で、打ち合わせかたがたよく飲み歩いたものです。

■ 本格的な輸入インフレを経験してこなかった日本

ある時、私は彼に次のように言いました。「Kさん。日本では外貨建て資産を持つことに躊躇する人がいまだに多い。どう思われますか」と。すると彼は予想通り「うらやましいですね。自国通貨だけを持っていれば安心というメンタリティは、私の国にはありませんから」とニヤリと笑ったのです。

韓国は1997年にアジア通貨危機の煽りを受け、猛烈なウォン安に見舞われました。当然物価は急上昇し、金利も高騰、経済は壊滅的な状態に陥ったのです。さて、こんな時に韓国ウォンだけしか持っ

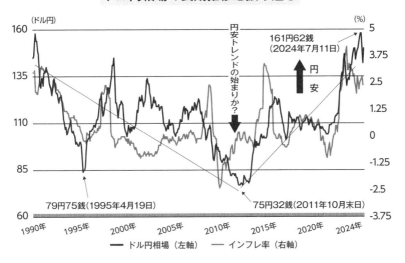

ていない人は、どれだけみじめな思いをしたことでしょう。

　自国の通貨が急落したため、猛烈に物価が上がったことで、一般庶民の生活レベルがぐんと下がる。こんな経験をしてこなかった国は、世界中にはほとんどないのです。

　1980年代以降ブラジルが、さらにはメキシコやアルゼンチンなどが自国通貨安でどれだけ苦しんだか。あるいは、1997年から翌98年にかけて東アジア諸国そしてロシアがどれだけの悪性インフレに苦しんだか。欧州でも英国、イタリア、スペインなどほとんどの国は例外なく自国通貨急落による危機的な経済状態を経験しています。まさに、自国通貨しか持たないことがどれだけ情けないかが、身にしみているのです。

　だから、これらの国ではある程度の資産を持つようになると、決まってその一部は米ドル建てで保有するのが半ば常識になっていま

す。こうすれば、自国通貨が急落しても保有している米ドルを自国通貨に替えることで、資産価値の目減りを避けることができるのです。ある程度外貨を持っている方が安心なのです。これが世界の常識だと言っていいでしょう。

そこへ行くと、幸か不幸か、日本円は1ドル＝360円の時代から今日の100円台に至るまで、長期に渡って上昇トレンドが続いてきました。つまり、相当の円安が続いたためにインフレが庶民の生活を直撃したという苦い経験をほとんどしてこなかったのです。だからこそ私たちは「自国通貨を持っているのが安全、外貨保有はリスキー」と思い込めたのです。でも本当にそうでしょうか？

さて、こうした日本特有の感覚が世界の常識からどれだけ遊離しているか？冒頭のK氏の「ニヤリ」は、彼一流の皮肉だったのです。

このような視点を持っていただければ、本書でご紹介する外国為替についての様々な事象に、より興味を持ってもらえるだろうと思うのです。

■ 外貨を持たないリスクとは？

ヨーロッパ、東南アジア、南米へ行ってもほとんどの庶民は、自国通貨以外に必ずと言っていいほど金などの宝飾品を資産として持っています。私たちはともすれば、「資産家ならともかく、庶民にとって金を持つなんてことはちょっとね。必要な時に換金した時に値段が下がっていれば損するからね」という感覚が一般的です。これも、世界の常識と日本の常識の違いですね。

古来幾度も他国に侵入され、自国が戦場と化し、一時的にせよ自国通貨が単なる紙切れになった経験を持つ国は世界中にあります。

これらの国では「いざとなった時に金さえ持っていればいつでもモノが買える。金は紙幣なんかよりよほど信頼できる」というのが常識になっているからです。

あるいは「自国の通貨だけしか持たないなんてそんなリスキーなことはない。多少なりとも米ドルなどの外貨は持っているべき」が"常識"なのです。

しかし、2020年からの世界的なインフレとともに進行する円安を受け、日本ではほとんど40年ぶりというインフレ経済に移行してきました。これは多くの方がすでに実感されている通りです。

以上のように見れば、「外貨を保有すること」は「為替差損を被るかもしれないというリスク」以上に、「円安時には為替差益で日常生活へのダメージを緩和できるというメリット」を意識する必要があると思うのです。

2 外貨を持つとはどういうことか？

　前項では海外の多くの人は、外貨に保険のような役割を期待している、と話しました。ちょっとわかりにくかった方のために、その理屈を簡単に図で示しておきます。

　図の上半分は「今の状況」、下半分は「将来（のある時点）の状況」を示します。左半分が「円の世界」、つまり円で経済活動が行われている世界、日本です。右半分が、わが国から見て外貨で経済活動が行われている世界の代表として「ドルの世界」を示します。

　さて今、1ドル＝150円の為替レートで150万円を1万ドルに換えるとします。1年後に、1ドル＝180円の円安・ドル高になったとしましょう。この時、この1万ドルを円に換えれば、180万円になって手元に戻ってきます。この30万円が**為替差益**です。つまり、預けた（投資した）先の資産（ドル）の価値が高くなっていれば、それを売った時には差益が得られるというわけです。

外国為替4象限の基本図

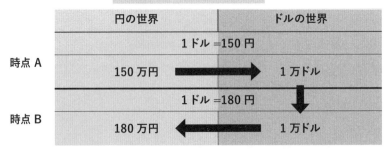

これは株であろうと金であろうと、不動産であろうと同じこと。お金を投じた先の資産の価値が上がれば、差益（値上がり益）が得られるのですから。

この時には「円安が進んだので儲かった」とは認識しないでくださいね。これは序章で話した通りです。投資した（預けた）先のドルの価値が上がったから儲かった、と見たほうがはるかにわかりやすいからです。「買ったドルが上がったので儲かった」のです。つまり「ドル高」で「儲かった」のです。「円安」で「儲かった」はわかりにくいですね。

■ 円安インフレのリスクを軽減

さて、ここでもう1つ。円安・ドル高になると、ほぼ間違いなく日本の物価は上がります。つまりインフレです。インフレは少なくとも短期的には、確実に生活を苦しくします。逆に言ってもいいでしょう。インフレは円というお金の実質的な価値を下げます。これを専門的には「**円（通貨）の購買力が低下する**」と表現します。

先ほどの例の1ドル＝150円だと、米国の2万ドルの自家用車は300万円で買えます。しかし、1年先に1ドル＝180円になっていたら、2万ドルのこの車は360万円出さなければ買えません。同じようにほぼ100％を輸入しているガソリン価格も上がり、小麦、飼料、木材などもすべて値上がりします。つまり、円の価値が下がるのですね。

こんな時に、先ほどのように（1万ドルの）ドルを持っていれば、それが180万円になって戻ってくるので30万円のプラスです。つま

り、米国製の自家用車やガソリン、小麦などの値上がり分を、この30万円でいくらかは補塡できるのです。つまり、保険としての機能を果たすというわけです。

これを「外貨を保有すれば、円安インフレによる損失をある程度防げる」とか「**円安インフレのヘッジ機能**」と言ったりするのです。

つまり、海外の多くの人が外貨を持つのは「儲けるため」であるとともに「損失を補塡するため」という意識が強いのです。しかし、日本人の多くはこうした感覚にはまだ慣れていないと思うのです。

ところが、長年にわたって続いてきた円高傾向は2010年代に入って反転、明らかに円安の時代に突入しつつあります。そんな今、外貨を「投資対象のリスク商品」ではなく「円安インフレによる円の目減りを補塡してくれる保険商品」と見る発想の転換が要求されているのです。

3 為替依存度が高まる一方の日本経済①

　引き続き、為替相場を学ぶためのインセンティブを持っていただくために、もう少し広い見地から話していきます。実は、多くの方が知らない間に、日本経済が為替相場の変動から受ける影響力が日増しに高まりつつあるのです。一体どういうことか？

■ 高まりつつある貿易依存度

　まず、近年に至り、日本経済の貿易への依存度が急速に高まっていることをお話しします。
　一般に日本経済は、貿易への依存度が高いというイメージが半ば常識と化しています。「これまで日本は貿易立国だったじゃないか」。しかし、これは必ずしも正しくありません。貿易依存度は一般に輸出入額の経済規模（GDP）に対する比率で測られますが、日本は決して高くはないのです。むしろ低いのですね。

　2023年のデータでは、集計可能な世界205か国のうち、日本は166位。GDPに対する貿易額は35.2％です。主要国で日本より低いのは米国のみ（18.9％）。ドイツ（69.1％）、英国（36.3％）、フランス（48.4％）と、主要国のほとんどは日本より貿易依存度が高いのです。
　いうまでもなく、貿易依存度が高い国ほど海外経済に大きく左右されます。為替相場によって経済が大きく、ということは国民生活が大きく左右されるということです。
　そこへ行くと日本は海外経済への依存度が低く、為替相場の変動による国民生活への影響は客観的にみて相対的に小さかったともい

えるのです。これは、多くの人の一般的な印象とは異なるかもしれません。ちなみに、本章１項で取り上げた韓国の貿易依存度は72.2％です。

　しかし、実は日本の貿易依存度は過去20年の間に、私たちの多くが気づかないうちに着実に上がってきているのです。特に輸入依存度は８％から20％まで急速に高まってきています。主な要因は、原油や食料品のほか鉱物資源など原材料価格の高騰です。
　周知の通り日本はエネルギー源、鉱物資源、そして食料、飼料などの自給率がきわめて低い。これらの物資の価格高騰で、輸入依存度が急上昇してきたのです。つまり、日本は日増しに為替相場に大きく振さぶられる経済体質に移行してきたと見なければなりません。

　であれば、私たちの生活、ビジネスにより大きな影響を与えるに至った為替相場の動きには、今まで以上に関心を持つべきだと思うのです。ではどのように？

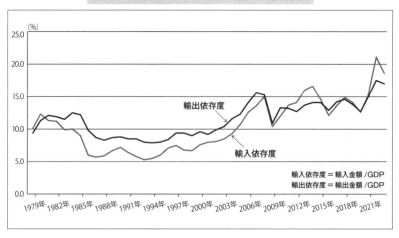

着実に上昇するわが国の輸出入依存度

本書は、それを身につけるための基礎的なスキルを獲得してもらうことを主な目的としています。

■ 世界経済に占める経済シェアの低下

日本は長年にわたり、米国、中国に次ぐ世界第3位の経済大国だったのですが、2023年にはドイツに抜かれました。2025年には、インドに抜かれて世界5位に後退する可能性が高くなってきました。人口減少、少子高齢化、円安、デジタル分野での決定的な立ち遅れなどが主因です。

ほんの（？）30年前の1995年には、日本経済が世界経済に占めるシェアは18％、2010年でも10％近くあったのが、現在は実に5％割れというありさまです。

経済規模が相対的に小さく、つまり世界経済に占めるシェアが下がるということは、海外からの影響をより多く受けると言うことにほかなりません。小国ほど他国からの影響を強く受けるのは当然です。日本が米国に与える影響と、その逆の米国が日本に与える影響を比べてみればよくわかります。

まだ、日本が本格的なデフレ経済を迎える前の1990年代半ば、日本は米国を抜いて世界一の経済大国になる可能性さえあった時代です。この当時、日本経済は主にその輸出競争力をバネに、米国など世界経済にどれだけ強い影響を与えたかを振り返ってみればよくわかる話です。

他国からの影響力をより強く受けるということは、ほかならず為替相場変動からの影響力が増してきた、ということにほかなりません。

そして、この傾向が今後さらに加速することはほぼ間違いありません。

世界経済（GDP）に占める国・地域別割合の推移

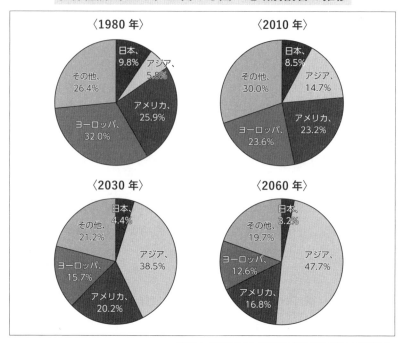

出所：内閣府HP（「選択する未来」委員会報告）

4 為替依存度が高まる一方の日本経済②

■ 日増しに高まる輸入浸透度

　日本経済が、海外からどの程度の影響を受けているかを端的に示すのが、輸入浸透度という概念です。これは、日本で購入(需要)される製品・サービスのうち、輸入品・サービスがどの程度の割合であるかを示します。

　まず財(具体的なモノ)の輸入浸透度は、1990年には11.4%だったのが2010年には21.3%へ。その後2022年頃までは22%前後だったのが、2024年には26%を突破してきています。

　身近なところで言う方がわかりやすいかもしれませんね。食品(食糧)については「食糧自給率」という概念が有名です。グラフに見る

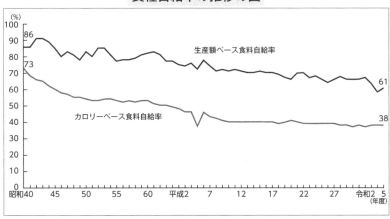

食糧自給率の推移の図

出所：農林水産省HP

通り、金額ベースでもカロリーベースでも長期にわたり低下する一方です。逆に言うと「輸入浸透度」は上昇一方なのですね。つまり、輸入食品の価格変動が私たちの食べ物の価格に与える影響は、年々強まってきているのです。

　一方、具体的な形をとらない各種サービスでも、輸入浸透度は上がる一方です。

　2013年頃まで3％程度だったのが、その後急激に上昇、2024年には5％台を突破してきました。

　今や私たちが日常的に利用しているNetflix、Amazon、マイクロソフトのofficeや各種の海外製のソフトウェア、あるいは最近では生成AIなど。これらはいずれも、輸入に依存せざるを得ません。「デジタル赤字」という言葉はまさにこれを象徴しています。デジタルサービス部門での日本の赤字は拡大する一方なのです。

　以上のように、私たちが消費するあらゆる部門で輸入浸透度が上がり続けているということは、為替相場の変動が私たちの生活・ビジネスに及ぼす影響が日増しに高まっていることを端的に示しています。

■ 円建て貿易比率の低下

　日本企業が輸出入するにあたり、どんな通貨建てで行っているか、ということも、日本の産業には大きな影響を与えます。輸出入の多くが円建てで行われていれば、為替相場からの影響はそれほど大きなものではありません。原則としては「円建てで契約していれば、為替相場が動いても、その契約金額通りのお金を受け渡しすればいい」だけのことだからです。

　逆に、輸出入の全額がドル建てで契約だと、輸出入業者が為替相

場の変動から受ける影響は大きくなるのは当然です。さて、では近年のわが国の輸出入の契約通貨は、どう変化してきたのでしょう。

データで見る通り、輸出入ともに、円建て比率は一貫して低下傾向です。つまり、外貨建てでの契約が増えてきているのですね。これはとりもなおさず、輸出入に伴う円での売上げならびに支払い額がより大きく変動するようになってきたことを示します。

輸出入において契約通貨をどうするかは、契約条件を決めるに際してはとても重要な要素です。円建てでの契約が減っているということは、契約に際して日本企業側がイニシアティブを取ることが難しくなってきたことを表している可能性が高いです。

一般に、経済規模が大きい国は、貿易や外交交渉においてより強い交渉力を持ちます。逆に、小さくなると、他国との交渉で不利な立場に立たされることが多くなるというのが自然です。

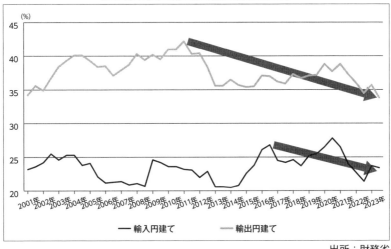

わが国の輸出入円建て比率推移

出所：財務省

■ 資源価格の高騰で一転、貿易赤字に転落

　日本の貿易構造の特殊性を端的に示しているのが、エネルギー、食物、鉱物資源など原材料の輸入依存度が、先進諸国の中でも飛び抜けて高いことです。これらはいずれも、経済のインフラを築くための最も基礎的な財です。それが徹底的に不足しているのです。当然これらの価格が上昇すれば、それから受ける影響は他国に比べ圧倒的に高いと見なければなりません。

　余談ですが、第二次世界大戦において日独伊が三国同盟を結成した背景には、原油や鉱物資源といった産業に必要な物資が国内で不足していたという、共通の経済的課題があったことが一因です。現在でもそれは変わっていませんが、独伊はユーロという統一通貨を使っているため、為替相場変動から受ける影響はそれ以前に比べてかなり低下してきたとみてよいでしょう。

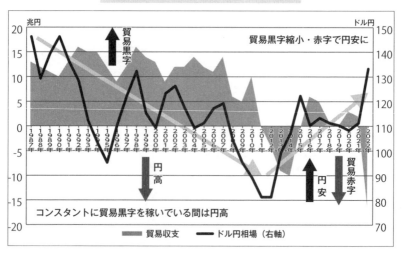

一気に貿易赤字に転じてきた日本

その原油などのエネルギー源や小麦、大豆などの食品類、さらには各種鉱物資源の価格が2000年前後から急騰、これにより日本はそれまで長く続けてきた貿易黒字から一転、赤字に転じてきたのです。

つまり、為替相場が輸入物資の価格に与える影響力が格段に高まってきたのです。

■ 日本企業の海外生産・売上高比率の上昇

少子高齢化に伴う人口の減少で国内需要が低迷し続けていることを背景に、日本企業の海外生産ならびに海外売上高比率が高まってきていることも、日本経済が為替からの影響をより強く受けるに至った一因です。

海外に進出した日本企業が、稼いだ資金を国内に配当などの形で送金したり、海外売上げの増加で受け取ったドルなどを円に転換する機会が増えているからです。

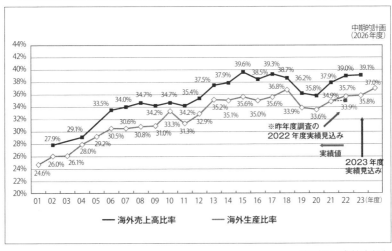

海外生産比率、海外売上高比率の推移（2001年～、全業種）

出所：国際協力銀行

以上の変化はいずれも、短期的に観察されるものではありません。それだけに気づきにくいのですが、私たちの日常生活ないしビジネス環境を着実に変えつつあることは間違いありません。だからこそ今のうちに、為替についての新しい常識をマスターしておこうと言うのです。

2つの外国為替市場とその取引参加者①

　外国為替市場。「市場(しじょう)」と聞くと、活気溢れる市場や証券取引所をイメージするかもしれませんね。しかし、この外国為替市場には、具体的な建物は存在しません。まるでSF映画のように、電話やインターネット回線といったデジタル通信網で結ばれた、バーチャルな空間なのです。そして、その取引結果が時々刻々とあらゆる通信手段を通じて世界中に、ほぼリアルタイムで届けられているのです。

　この市場では、毎日想像を絶する金額のお金が動いています。なんとその額、1日7兆ドル！ ニューヨーク証券取引所の約30倍というから驚きです。この巨大な市場で、世界中の通貨が売り買いされ、私たちの生活にも影響を与える為替レートが決まっているのです。
　さて、この外国為替市場ですが、大きく分けて「インターバンク市場」と「対顧客市場」の2つに分かれています。

　まずは、市場の中核を担う「**インターバンク市場**」から。
　ここは、まさに金融機関のエリートたちが火花を散らす、通貨戦争の最前線とでも言うべき場所です。シティバンク、JPモルガン・チェース、ドイツ銀行といった世界的な金融機関が、巨額の資金を武器に、日夜激しい取引を繰り広げています。

　大手銀行がこの市場に参加する目的は、3つに分けるとわかりやすいでしょう。①マーケットメイク、②自己勘定取引、そして③顧客取引のカバーがそれです。

1つ目は、**マーケットメイク**。文字通り「市場を作る」。つまり取引参加者が売り買いしやすいような環境を整える、っていうくらいの意味です。具体的には、常に通貨の買値（ビッド）と売値（オファー）を提示し続けることで、市場の流動性を維持するのです。

　例えば、皆さんが旅行で韓国ウォンが必要になったとします。しかし、もし誰もウォンを売ってくれなかったり、法外な値段しか提示されなかったらどうでしょう？　困ってしまいますよね。

　マーケットメーカーである大手銀行は、常に主要通貨の買値と売値を提示することで、市場参加者がいつでも安心して売買できるように支えているのです。

　2つ目は、**自己勘定取引**。これは、銀行が自らの利益のために行う取引です。まるで、鋭い眼光で市場の動向を見極めるトレーダー（投資家）さながらです。

　例えば、ドイツ銀行の凄腕トレーダーが「ユーロは今後、ドルに対して値上がりしそう！」と予測したとします。彼は、銀行の資金を使ってユーロを買い、予測通り値上がりした後に売却することで、利益を獲得するのです。

　3つ目の**顧客取引のカバー**とは、民間企業などとの取引をインターバンク市場でヘッジすることを意味します。例えば、三菱UFJ銀行が日本の輸入企業Aから1億ドルのドル買い注文を受けると、インターバンク市場で他の銀行Bとの間で円売り・ドル買い取引を行います。そうすると「企業Aへ1億ドルの売り」「銀行Bから1億ドル買い」となって「ドルの売り買い」が相殺されます。このため、ドル円相場が変動してもリスクはないわけです。

　このような操作を「リスクをカバーする」と呼びます。リスクがカ

76

バーされる(回避、補塡される)のですね。つまり、銀行は為替変動リスクを負わず、手数料収入が得られるわけです。

外為市場の全体像

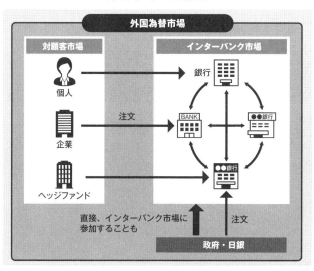

インターバンク市場で忘れてならないのは中央銀行です。

中央銀行は、日本銀行やFRB（米連邦準備制度理事会）など、各国の金融政策を司る機関です。彼らは、自国通貨の価値を安定させるために、為替介入や金融政策を実施します。

古くは、2011年3月の東日本大震災後、円が急騰した際、日本銀行は他の主要国の中央銀行と協調して大規模な円売り・ドル買い介入を行いました。最近だと、2024年6月〜7月には急速に進んだ円安に歯止めをかけるために大量の円買い・ドル売りを行っています。この介入により、一時的に相場の急変動にブレーキがかかりました。

インターバンク市場での取引は、100万ドル以上の大口取引が中心です。最新のテクノロジーを利用した高頻度取引（HFT）が行われており、ミリ（1,000分の1）秒単位の取引が可能です。高頻度取引とは、コンピュータプログラムを使用して、非常に高速かつ頻繁に自動売買を行う取引手法です。

　インターバンク市場は、世界中の金融センターを結んでほぼ24時間取引が可能なため、東京市場が閉じても、ロンドン、ニューヨーク市場へと連続して取引が行われるのです。この点は各国ごとに設置されている株式市場や債券市場とはちょっと趣が異なる点です。

6　2つの外国為替市場とその取引参加者②

　前項では、金融のプロたちがしのぎを削る「**インターバンク市場**」という名の舞台を目撃しましたね。しかし、外国為替の世界は、それだけではありません。もっと身近なところで、私たちの生活に密接に関わるもう1つの市場があるのです。

　それが、企業や個人投資家など、様々なプレイヤーが参加する「**対顧客市場**」。プロの銀行が企業や個人といった顧客に相対する市場です。言わば、インターバンク市場という「プロの舞台裏」に対して、こちらは「私たちに開かれた表舞台」と言えるでしょう。
　では、一体誰がどんな目的で、この舞台に上がっているのでしょうか？

■ 企業が行う輸出入決済と為替リスクのヘッジ

　対顧客市場の中でも特に重要な参加者が、多国籍企業や輸出入を行う企業です。彼らの主な取引目的は、輸出入決済や、海外投資に伴う通貨の交換と、それに伴う為替リスクのヘッジ(回避)です。
　輸出入決済とは、国際取引に伴う外貨の受け払いを行うこと。日本の食品会社がドイツからナチュラルチーズを輸入する場合、ユーロ建ての契約だと企業は円をユーロに交換して支払います。
　海外投資とは、海外子会社への投資や海外での事業展開に伴う資金移動のことです。ソフトバンクグループが米国のIT企業の経営に参加(投資)するには、大量の円をドルへ転換しなければなりません。

為替リスクのヘッジとは、将来の為替変動リスクを軽減するために、先物取引やオプション取引を利用すること。トヨタ自動車が3カ月後に、米国向け売上げ10億ドルを日本円に換える予定がある場合、3カ月先物でドル売り・円売りを行っておけば、為替相場の変動リスクを回避できます。つまり、3カ月後の為替レートがどうなろうと、あらかじめ決めたレートで円に換金できるので、為替相場の変動によるリスクからは免れるのです（この仕組みは196ページ以降で説明します）。

一方、年金基金、保険会社、投資信託などの機関投資家も、対顧客市場の重要な参加者です。彼らの主な取引目的は、資産運用、為替リスクのヘッジ、そして為替そのものへの投資です。機関投資家は世界中の通貨への分散投資を行います。日本の巨額の公的年金を一元的に運用する年金積立金管理運用独立行政法人（GPIF）は、運用資産の一部を海外株式や債券に投資しますが、それに伴い大規模な為替取引が発生します。

こうした海外資産投資に伴う為替リスクを管理するために、先述したような先物取引などを利用することがあります。例えば、ある日本の生命保険会社が米国債を保有している場合、ドル安が進むと円ベースでの実質的な資産価値が目減りします。これを防ぐために、あらかじめ決めたレートでドルを円に交換する契約を結ぶのです。これで、将来ドル安になっても、契約時に決めたレートで円に換金できるため、損失を最小限に抑えられるので、安心して資産運用を続けられるというわけです。

また、一部の機関投資家やヘッジファンドは、為替変動によって

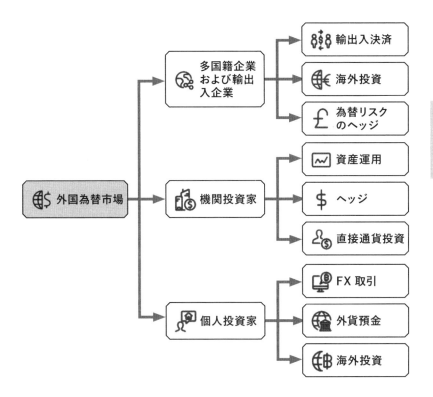

利益を得ることを目的とした取引を行います。金利差を利用したキャリートレードなどがこれに該当します。キャリートレードとは、低金利通貨を借りて高金利通貨に投資する戦略です。

2000年代以降、低金利の円を借りて高金利のブラジルレアルや豪ドルなどに投資する「**円キャリートレード**」が盛んに行われました。これなどは純粋な投資目的に伴う為替売買です（円キャリートレードについては266ページで詳しく述べます）。

一方、インターネットの発達により、個人も外国為替市場に参加しやすくなりました。そのためには、主に3つの方法があります。FX取引、外貨預金、そして海外株式、債券投資です。

FX取引の人気を支えているのは、少額の資金で大きな取引ができるという点にあります。例えば、10万円の元手で、その５倍、10倍、最大25倍もの金額の通貨を取引できます。これを「レバレッジ」（梃子の意味）と呼びます。為替レートがほんの少し動いただけでも、大きな利益を得られる可能性があります。ただし、同時に大きな損失のリスクもあるので注意が必要です。

　また、海外の株や債券に投資する個人も増えています。例えば、米国のIT企業の株や国債を買う時、円をドルに換える必要があります。もちろん投資信託を通じて海外の株式、債券に投資することも幅広く行われています。

　このように、「対顧客市場」という舞台は、様々な目的を持ったプレイヤーが集い、活気と興奮に満ち溢れた市場です。

　もちろん海外旅行などに伴って、円と外貨を交換するのも、この「対顧客市場」で行われている取引です。

　インターバンク市場と対顧客市場は密接に関連しており、相互に影響を与え合っています。価格形成の面からは、インターバンク市場での取引が基準となり、対顧客市場の価格が決まります。言ってみればインターバンク市場での相場は"卸し相場"であり、対顧客市場のレートは"小売り相場"とイメージすればわかりやすいでしょう。

　「インターバンク市場」と「対顧客市場」は、歯車のように噛み合いながら、巨大な「外国為替市場」を動かし続けているのです。

●コラム●　FX取引（外国為替証拠金取引）

　外貨取引といえば、これまでは銀行の外貨預金や証券会社の外国株式、外債くらいしか手段がなかったのですが、2000年代半ばからFX（「Margin Foreign exchange trading」の略）という商品が誕生。個人投資家の間で急速に外貨投資のブームが起きました。

　といってもその基本はあくまで為替（通貨）の売買です。つまり、円と米ドル、ユーロと豪ドルというように各通貨の動きが異なることを利用して稼ぐとともに、低金利の通貨を売って高金利通貨を買うと、その金利差が収益になるというもの。

　FXは、従来の外貨商品にはないいくつかの魅力を備えています。

①ネットで24時間取引が可能

　ネット取引が前提であるため、24時間いつでも取引を実行できます。夜中でも自在に売り買いができるわけです。

②レバレッジ効果を持つ

　FXでは投資額の最高25倍までの外貨の売り買いが可能です。倍率は1倍〜25倍で自由に選べるため、ローリスク・ローリターンから、投機に近いニーズにも応じられる商品です。

③金利差が収益になる

　収益の源泉は通貨の売買差益だけではありません。低金利の通貨を売って高金利通貨を買えば、その金利差が収益として得られるという点もメリットです。その差がスワップポイントであり、毎日計上されます。

④圧倒的に安い手数料

　多くの外貨商品に比べ手数料が低いのも特徴の1つです。これは、売買が高度にシステム化されており、コストがかからないためです。

為替市場は24時間眠らない

　為替レートの種類、その意味を話す前に為替市場での取引は、株式や債券、あるいは金、アルミや大豆などの市況商品などの取引とはちょっと違うことを話しておきます。それは取引時間のことです。
　「外国為替取引って、株式投資みたいに市場が開いている時間帯が決まっているんじゃないの？」
　こんな風にイメージされている方がいると思います。ニュースでは「東京市場の終値は」とか「ロンドン市場では」といった言葉に続き、具体的なドル円レートやユーロ円レートを報じるからです。でも、この表現は誤解を招きがちです。あたかも東京の地で、あるいはロンドンの現地で取引されているイメージですからね。でもこれは違います。

■ ネットワークを介して行われる為替取引

　日本の多くの人が勤務している時間帯で為替取引が行われる場を、便宜上「東京市場」と呼んでいるだけのこと。ロンドン、ニューヨークも同じ。例えば世界で最も取引額が多いのは、ロンドン市場ですが、これはロンドンの現地の金融機関の営業時間に取引されたものを「ロンドン市場」と便宜的に呼んでいるだけのことなのです。東京市場での取引には、眠い目をこすりながらニューヨークやシドニーで専用端末に向かいながら通貨売買に参加している外国人も多くいるのです。つまり、為替取引は24時間ほぼ途切れることなく世界中で行われているのです。
　なぜ24時間取引が可能なのか？　それは、為替取引が特定の取引

所ではなく、銀行間や電子取引システムで繋がった世界中の金融機関のネットワーク上で執行されているからです。ネットワークの世界には時間、場所という制約条件はありません。

東京市場の取引が閉まる前に、香港、シンガポール、ムンバイなどの市場が、さらにはフランクフルト、ロンドン市場が開き、これを受けてニューヨーク市場が開く、といったように、各市場の取引時間が少しずつずれているため、24時間取引が可能なのです。

日本の銀行に勤務する為替ディーラーが仕事から解放されて、自宅でのんびり過ごしていると、ロンドン市場で相場が乱高下したという緊急電話がロンドンから入り、パジャマのままあわててパソコンにかじりついてドル円、ユーロ円の取引の画面に向かうなんて話はよく聞きます。

つまり、太陽が必ず地球のおおむね半分近くの地域を照らしている以上、為替市場は1日24時間眠らないのです。

ネット上での為替レート情報には「○○市場」といった表現はありません。「どこの市場」ということがもはや意味をなさないのです。あえて言うなら、例えば「世界標準時間（グリニッジ時間）で午前8時50分にドル円は1ドル162円と38年ぶりの円安になった」といってもいいくらいです。

なお、土日はおおむね為替取引は休場ですが、例外的に中東諸国のアラブ国家では細々と通貨取引は行われています。これは、イスラム教を奉じる世界ではおおむね土日は休日扱いではないからです（一般には金曜日が休日）。

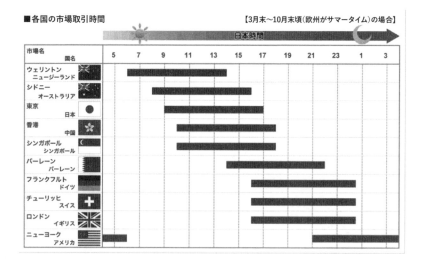

●コラム●　東京市場って東京にあるの？

　「東京ディズニーランドは東京にあるの？」の類ですね。「東京市場での午後５時現在の円相場は１ドル＝151円23銭」っていうのが、ニュース報道などでの決まり文句です。さて、ではこの円相場が決まるのは「東京にある市場か」って思っても不思議ではありません。

　しかし、実はここで使われている「東京」っていう言葉は、ほとんど「日本」と置き換えてもいいくらいの意味です。物理的に東京に存在している市場（いちば）の中で取引されているわけではないのです。

　しいて言えば「主に東京に位置する大手の金融機関が中心になって取引している市場」といったくらいの意味です。このあたりの言葉の使い方については、泰然と聞き流しておきましょう。「そんなもんなんだ」っていうイメージでOKです。

5つの為替レート

　為替レートは、株式や債券と違って様々な種類があることはこれまでにも触れましたが、ここで詳しく説明しておきましょう。
　通貨交換に適用される為替相場にはいくつかの種類があります。個別取引に適用される為替レートには主に5つあります。

　まず、**銀行間直物取引レート（インターバンク・スポットレート）**。すでに説明したインターバンク市場で、銀行や大手金融機関間で取引された結果ついたレートがこれです。ニュースなどで目にする「ドル円が1ドル○○円」といったレートですね。
　「**直物**」とは、取引の約定日から2営業日目に決済（通貨交換）が行われるという意味です。契約だけしておいて実際には1カ月、3カ月先に取引（通貨の交換）を行う「**先物**」に対する言葉です。銀行間直物取引レートがあらゆる為替取引に適用されるレートの基準です。

　これに対して、銀行が企業や個人などの顧客と行う取引に使われる対顧客向け売りレート（TTS: Telegraphic Transfer Selling Rate）と買いレート（TTB: Telegraphic Transfer Buying Rate）があります。
　私たちが銀行で外貨を両替する場合には、「**TTS（対顧客向け売りレート）**」と「**TTB（対顧客向け買いレート）**」が使われるのです。
　銀行から見て、私たちに外貨を「売る」レートがTTS、私たちから外貨を「買う」のがTTBです。このTTSとTTBの差額が、銀行の利益になります。イメージとしては、銀行間直物取引レートが「卸

値」、TTS/TTBが「小売価格」といったところでしょうか。

このほか、現金で通貨を受け取る際に適用される現金受け払いレートがあります。空港や両替所での現金の両替に使用されるのがこれ。現金の取り扱いには、現物の持ち運びや管理が必要であり、より多くのコストがかかるため銀行間直物取引レートよりも割高（顧客にとってコスト負担が大きい）になっています。

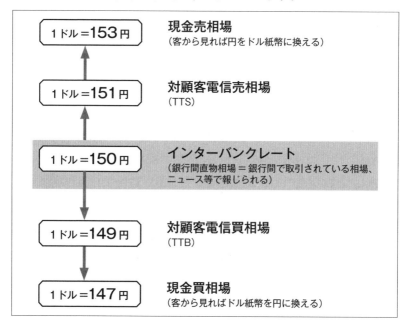

銀行は毎日、対顧客向け為替レート（TTSとTTB）を公表しています。基本的に1日を通して変更されることはありませんが、為替市場で急激な大幅変動が生じたり、国際的な危機や予期せぬ経済イベントが発生した場合など例外的な状況下では、日中でもレートが変更される可能性があります。

これらのレートは通常、毎朝設定され、銀行の店頭やウェブサイトで公表されます。ドル円については、銀行間直物レートを挟

んで1ドルあたり上下1円の差があるのが一般的です。ただしこれは、個別銀行が自由に設定しています。また、通貨の種類によってこのスレプレッドは大きく異なることには注意が必要です。このTTS、TTBのスプレッドは、顧客にとっては銀行に支払うコストを意味しています(次ページのコラム参照)。

公表されたTTS、TTBは主に、個人顧客や中小企業向けの比較的小口の取引に適用することが想定されています。おおむね10万米ドル相当が1つの目安とされており、これを超える大口取引や法人顧客の取引では、個別交渉によってレートが決まるのが一般的です。

■ 大手銀行ではリアルタイムレートも公表

なお、以上の顧客向けレートのほかに、インターネット上でリアルタイム取引レートを提供している銀行もあります。これは、インターネットバンキングやオンライン取引プラットフォームを通じて提供され、銀行間取引直物レートの変動に合わせほぼリアルタイムで変動します。

以上のTTS、TTBは、店頭での口座開設や入出金に際して適用されるものですが、リアルタイムレートはインターネットバンキングで外貨預金などの入出金に適用されます。

ただし、これは一定の取引量や顧客層を対象としており、一般の個人や小さな取引では、TTB、TTSが主に使用されています。

●コラム● 通貨による異なるTTS、TTB間スプレッド

　銀行が顧客に提示する各通貨のTTS、TTBのスプレッドは、通貨によって相当違います。円ドルだと１ドルあたり２円が多いのですが、ユーロは３円、豪ドルは４円、英ポンドは８円ものスプレッドが普通です。高金利で知られるトルコリラや南アフリカランドに至っては、とてつもなく大きなスプレッドが設定されています。

　ドル円を例にとれば、１ドル＝151円（TTS）で買った米ドルをその場ですぐ149円（TTB）で売れば、ただちに２円のコストがかかるわけです。この場合、一瞬にして1.32％分目減りするのです。これは外貨預金をはじめ、多くの外貨建て資産運用では避けて通れないコストです。

　このスプレッドは、１ドルにつき２円というように、円単位で決められているので、実際のコストは円高になるほど大きくなることには注意が必要です。例えば、銀行間直物レートが１ドル＝100円の時には、101円でドルを買い、99円で売るわけですから、そのコストは1.98％です。

　　　　◇　　　　　　　　　◇　　　　　　　　　◇

　なお、銀行などが扱う一般の外貨預金では、おおむね以上のTTB、TTS（ドルだと値幅は２円）が適用されるのに対し、証券会社が扱う外貨建てMMF（外貨建ての投資信託）などの売り買いでは、このスプレッドがより狭く（顧客にとってはコストが低い）設定されている例が多いです。

　またFX取引では、買値と売値の差がさらに小さく、数銭未満で済むことがほとんどです。これは、FX業者がオンラインシステムで業務のほとんどを自動化しているためです。そのため、業者側の経費が抑えられ、その分低いコストで取引できるので

すね。

代表的な通貨ごとの TTS、TTB のスプレッド一覧表

ある日の外国為替相場一覧（スポットレート）				
通貨名	T.T.S.	T.T.B.	スプレッド	コスト (%)
USD（米ドル）	155.13	153.13	2.00	1.3
GBP（イギリスポンド）	202.15	194.15	8.00	4.0
CAD（カナダドル）	113.12	109.92	3.20	2.8
CHF（スイスフラン）	175.73	173.93	1.80	1.0
EUR（ユーロ）	168.78	165.78	3.00	1.8
DKK（デンマーク・クローネ）	22.71	22.11	0.60	2.6
THB（タイ・バーツ）	4.34	4.18	0.16	3.7
AUD（オーストラリアドル）	102.88	98.88	4.00	3.9
HKD（香港ドル）	20.17	19.31	0.86	4.3
CNY（中国元）（*）	21.56	20.96	0.60	2.8
KRW（韓国ウォン）（*）	11.34	10.94	0.40	3.5
SGD（シンガポール・ドル）	115.56	113.90	1.66	1.4
NZD（ニュージーランド・ドル）	92.75	88.75	4.00	4.3
ZAR（南アフリカ・ランド）	9.89	6.89	3.00	30.3
TRY（トルコ・リラ）	7.17	2.17	5.00	69.7
RUB（ロシア・ルーブル）	2.07	1.57	0.50	24.2

（*）KRW（韓国　ウォン）は100通貨単位あたりの相場

出所：三菱UFJ銀行HP

外国為替市場における実需と仮需

　株や債券と同じように、世界中の国の為替レートも「需要と供給」で決まります。ドル円相場なら、ドルを買いたい人が多ければドル高に、逆に、ドルを売りたい人が多ければドル安になる、というシンプルな仕組みです。
　では、どんな時に「ドルを買いたい！」という需要が生まれるのでしょうか？
　例えば、日本の会社が海外から材料や製品を輸入するに伴って、代金をドルで支払う必要があれば「円を売ってドルを買う」という需要が生まれます。
　企業が外国に進出し、工場や事務所を設立する際にも、様々なものを買うのに伴い、外貨での支払いが必要です。もちろん個人が海外旅行をする際も、円をドルに換えなければなりません（＝円を売りドルを買う）。これらがドルへの需要です。

　逆に、トヨタ自動車が米国企業に車を売って稼いだドルを円に換える場合は、ドルの売りが発生します。さらに、昨今のような日本への外国人観光客の急増は、大量のドル売り、円買い需要を生みます。このような目的での通貨の売り買いは、中長期的に比較的安定しているため、為替相場に持続的な影響を与えます。このような具体的なモノ、ヒトの動きに伴って発生する通貨への需要を**実需**と呼びます。

　一方、為替相場の動きを予測して、短期間で利益を得ようとする

「投資」や「投機」目的の取引もあります。これが**仮需**です。その代表が、ヘッジファンドなどが行う短期的な値動きを利用した投機的な売り買いです。

近年、世界各国で金融資産が蓄積してきたことを背景に、異なる通貨の金利差を利用した投資あるいは投機的なマネーが世界中を動き回っています。そして、その動きが為替相場に大きな影響を与える場面を私たちはたびたび目にします。

最近の例だと、2021年頃からドルと円の金利差が広がったためにドル買いが急増、2024年7月には1ドル＝160円台という1986年以来38年ぶりのドル高・円安水準に達したことは記憶に新しいところです。こうした金利差を利用して利益を得ようとする様々な取引も、仮需の一種です。個人投資家によるFX（通貨証拠金取引）も、その多くは短期的な為替の売り買いに属します。

■ 実需より圧倒的に多い仮需

また、銀行などは実需に基づくドルの売り買いのほか、為替変動による収益を求め、自己資金を使って積極的に為替取引も行っています。仮需に基づく取引は、時としてオーバーシュート（行き過ぎ）しがちであり、為替相場を短期的に大きく動かすことが少なくありません。

1日のうちに1ドルにつき2円、3円といった値幅でドル円相場が動いた時などは、こうした仮需による投機的な売り買いが原因であることが多いものです。仮需は、実需とは異なり、経済の基礎的な要因よりも、市場参加者の心理や期待に大きく影響されるのが特徴です。

為替市場では、実需よりも仮需による取引の方が圧倒的に多いの

ですが、これは世界中の投資家や金融機関が、投資あるいは投機目的で日々、巨額のマネーを動かしていることを示しているのです。

実需と仮需の比較

安定した需要 　　　　　　　　　　　　投機的取引

中長期的影響 　　　　　　　　　　　　短期的変動

経済的基盤 　　　　　　　　　　　　市場心理

実需　　　　　　　　　　　　仮需

10 短期筋と長期安定投資家

　為替相場を見る上でのポイントの1つが、「その時点で誰が売買を主導しているか」です。主役が誰かによって今後の値動きが大きく変わるからです。

　「投機筋の円買い戻しが円高を加速した」といった表現があります。これは、ヘッジファンドなどのきわめて投機的なマネーが主役となって、為替相場を動かしたことを示しています。一方「米国の年金基金などの持続的なドル買いが、ドル高・円安の背景にある」と報じられることもあります。これは、主役が半ば公的な年金基金（ファンド）が為替相場を主導していることを示します。

　ニュースで「ヘッジファンドの円買い戻しが円高を加速」なんていう見出しを見たら、短期筋が動いているサイン。「米国の年金基金がドル買いを継続、円安続く」という見出しなら、長期安定投資家が市場を動かしていると考えられます。

　外国為替市場に参加しているプレーヤーには、短期投機筋と長期安定投資家に大別するとわかりやすいです。

■ 短期筋がマーケットを動かす？

　相場の急変時には「ヘッジファンドなどの短期筋（短期投機筋）が関わっている」という記事をよく目にします。そのため、多くの人が「マーケットでは短期筋の影響力が大きい」というイメージを持ちがちです。

　そもそもニュースとは、報道対象が大きく動くほど情報価値は高

いもの。そして相場の急変時には、短期筋が主役になることが多い
のも事実です。そこで、「短期筋」の言葉が記事によく登場するため、
「ヘッジファンドなど短期筋が相場を動かす」というイメージが強い
のです。

■ 短期筋は一定の期間内でのプラマイはゼロ

　では、実際にヘッジファンド等の短期筋が、相場のトレンド（傾
向・大きなうねり）を作っているのでしょうか。結論から言うとち
ょっと違います。実は、ヘッジファンドなどの投機筋が中長期的な
トレンドを作ることはほとんどありません。

　短期筋は文字通り、短期で収益を狙うのが基本スタンスです。つ
まり、買った資産をずっと持ち続けることはほぼありません。極端
に言うと「朝1ドル＝152円でドルを買い、夕方には152円05銭で売
る」といったイメージです。したがって、こうした動きを繰り返す
短期筋が活発に動いても、中長期の円相場に影響を与えることはほ
とんどありません。

　基本は「割安だと思われる瞬間に買い」「それが修正されると売
る」といった売り買いを頻繁に繰り返すのが常です。だから、1カ
月とか3カ月といった期間で見ると、売り買いは相殺され、その影
響はプラスマイナスゼロになることが多いのです。

■ トレンドを作るのは長期安定投資家

　一方、米国の年金基金や日本の生命保険会社、GPIF（年金積立
金管理運用独立行政法人）といった長期安定投資家は、長期的な視
点で資産運用をします。彼らは短期的な利益よりも、長期的な資産
増加を重視するので、一度投資したら簡単には売りません。

　このため、こうした投資家が主役になってマーケットが動いてい

る時には、息の長い中長期的なトレンドを形成します。つまり、中長期的なトレンドを作るのは短期筋ではなく、長期安定投資家です。

　為替相場には限りませんが、短期間に暴落、暴騰した相場はほとんどの場合、その直後にそれとは逆の動き（揺り戻し）が生じるのが普通です。こんな時には、短期筋が大量の売り買いを瞬時に行っていることが多いものです。

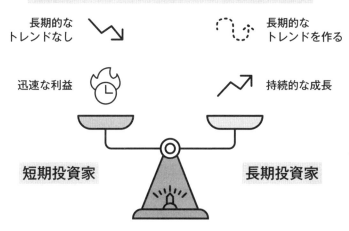

為替市場における短期投資家と長期投資家

長期的なトレンドなし　　　　長期的なトレンドを作る

迅速な利益　　　　　　　　持続的な成長

短期投資家　　　　　　　　長期投資家

世界の為替相場は変動相場制だけではない
＝変動相場制と固定相場制＝

　世界のあらゆる通貨の為替相場は、その時々の需給バランスで自在に変動するのがあたり前。私たちはそう思いがちです。でも、実は世界を見渡すと、そうでない国も結構あるのです。

　私たちが日常接している１ドル＝150円、１ユーロ＝1.15ドルといった為替相場は、**変動相場制**と呼ばれます。通貨の交換比率を固定せず、市場の需給関係により決める制度のことです。今ではあたり前に感じますが、日本では、終戦後から1971年８月のニクソン・ショックまでは、１ドル＝360円という**固定相場制**が維持されていました。ドルと円の売り買いの需給バランスには関係なく、１ドル＝360円という決まった比率でドル円の交換が行われていたのです。

　その後、円の価値が上がって１ドル＝308円になり、さらに1973年２月には、変動相場制に移行。円相場は市場における需要と供給により決まるようになったのです。

　今日では先進諸国を中心に、変動相場制を採用している国がもっぱらです。ただし、市場の需給関係によらず、通貨の交換比率を固定するという固定相場制を採用している国も少なくありません。

　米国への原油輸出が多いオマーンやサウジアラビアなどの中東産油国の多くは、米ドルとの交換比率をほぼ固定しています。これは、需給バランスにより為替相場が変動すると、輸出入企業などの経営に、ひいては国民経済に不測の事態を招きかねないという配慮が働いているためです。中国の人民元も、2005年までの10年間は１ドル

＝8.2 〜 8.3人民元程度にほぼ固定されていたのです。

その他よく知られた例では、1997年にはタイをはじめ、インドネシア、フィリピンなどが相次いで、固定相場制から変動相場制に移行しています。固定相場が経済実態に合わなくなり、様々な混乱を引き起こしたのですね。

なお、世界貿易の5割は米ドルで決済されるため、固定為替相場制を採用している国は、米ドルにリンクする政策を採用しています。これを**ドルペッグ制**と呼びます。ペッグとは「杭」。杭に繋がれて動かないように、為替レートを固定しているイメージですね。

中央銀行による市場介入とは

　為替レートは、市場での需給バランスに委ねられており、政府や金融政策当局は介入を控えるのが原則です。しかし、時には外国為替市場に介入することがあります。これが市場介入です。

　市場介入を行う理由は2つ。1つ目は、相場が激しく変動して経済活動に悪影響を与えそうな時です。この時、中央銀行は相場の乱高下を抑えるために市場に出動します。これを「**平衡介入**」、「**スムージングオペ**」と呼びます。
　もう1つは、経済状況を踏まえて「今の為替レート、ちょっと違うんじゃない？」と判断した場合。こんな時、目標とするレートに誘導するように介入することがあります。
　実際に動くのは中央銀行ですが、これはあくまで政府の意向を受けてのこと。政府が監督、中央銀行が現場担当といった感じです。

　最近だと、2024年の6〜7月に5兆円を上回る規模の市場介入が行われたことが話題になりました。経済実態に照らして円安が行き過ぎているという判断に基づき、ドル売り・円買いが行われたのです。しかし、このような円高誘導を意図した市場介入は、これまであまり例はありません。従来行われた多くの介入は、行き過ぎた円高にブレーキをかけるための円売り・ドル買いが多かったのです。

　日本銀行が東京市場で単独で行う介入は「**単独介入**」と呼ばれます。しかし東京市場だけでなく、海外市場で介入することもありま

す。その場合は、その国の通貨当局に依頼する「**委託介入**」という形をとります。また、一国の中央銀行が単独で行なうだけではなく、各国の中央銀行が互いに協調し合って、同じ種類の市場介入を行なうことがあります。これが**協調介入**です。

1985年には、「日本が国産品を大量に海外に輸出して莫大な利益を稼いでいるのは為替レートが適正でないため」と考えた米国が、欧州諸国と協調して円買いを大量に行った結果、一気に円高が進んだことがありました。高度成長を続けた日本の経済力を叩く狙いがあったとされています。これが、その後の日本の輸出産業の停滞をもたらす要因の1つになったことは間違いありません。

海外では介入の情報は秘密にされることが多いのですが、日本では、市場介入を行った時にはそのデータが公表されることになっています。なお、わが国が為替介入を行うに際しては、前持って非公式にアメリカの了解を得るのが暗黙のルールとなっています。

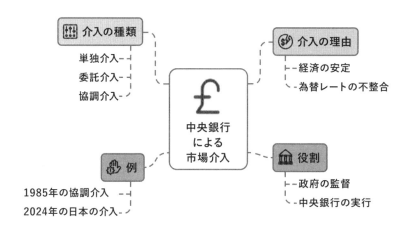

●コラム●　レートチェックは介入間近のサイン

　市場介入は為替相場には相当の影響を与えるわけですから、金融機関など為替担当者は時に応じてその可能性について注意を怠たれません。いよいよ介入が実施されそうだとなった時、もっとも有力なシグナルとなるのは、日銀による**レートチェック**です。

　「このレートでどれくらい売買があるか？」。中央銀行が実際に、売り買いの注文を出して市場の様子を窺い始めたら、要注意です。この段階まで進むと、「市場介入間近し」と関係者は身構えます。

　このほか、日銀や政府関係者などによる**口先介入**があります。これは「（円安、円高が）行き過ぎだと判断すれば、必要な措置をとることがある」といった発言によって、市場の動きを牽制しようとするものです。

　なお、政府、中央銀行による介入は一時的な効果はあるものの、中期的な為替相場のトレンド（うねり）を換えるほどの力はない、との見方が今日では優勢です。

●コラム● 米国は「為替操作国」を認定

　米ドルが世界の基軸通貨であることもあり、米国は世界各国の為替政策について特殊な立場をとっています。為替相場を不当に操作しているとみなした国を「為替操作国」と認定、内外に公表しているのです。毎年４月、１０月に財務省が作成する「為替報告書」に基づき認定されます。

　いかにも「悪を叩くお代官」といったイメージですが、実際のところは「米国の企業が不利になるような為替介入は許さないぞ」という牽制である場合が多いです。「不公正な為替介入を敬遠する」というよりは「米国企業の利益保護のための措置」との見方が大勢です。

　為替操作国の認定には、大幅な対米黒字であることや、GDPの３％以上の経常収支黒字を稼いでいることなど、３つの条件が設けられています。

　３つの条件を満たすと「**為替操作国**」に、２つの条件だと「**為替監視国**」に認定します。「為替操作国」に認定されると、関税率が引き上げられたり、貿易量を制約されるなど、米国との貿易取引などに制限がかかります。

　近年では中国（2019年）、ベトナム、スイス（2020年）が為替認定国とされたほか、日本も2024年６月に「為替監視国」に認定されたことがあります。

第2章 何が為替相場を動かすのか？

Chapter 2

イントロダクション

　ここからは、為替相場をめぐる経済メカニズムの基本を話します。「為替をめぐるメカニズム」といっても実は2つ。1つは「為替相場は何によって動くのか」であり、残る1つは「為替相場が動けばどうなるか」です。「X→為替相場」と「為替相場→Y」ですね。

　まずは前者の「X→為替相場」から。

　本来、為替相場の変化が単一の原因によって引き起こされることはまれです。複合的な要因があいまっていることがほとんどです。

　しかし、複雑に絡みあったそれらの因果関係を一度に記述することは不可能です。いくつかの要因に切り分け、それぞれの要因を個別に取り出して記述するしかありません。

　このため、この章を読み進めるにあたっては、常に「他の条件が一切変化しなかったとしたら」という前提が置かれていることを踏まえておいてください。

　多くのマーケットの中でも、為替相場ほど多方面からの影響を受けるマーケットはありません。国内に比べ情報量が少ない海外の政治、経済、軍事、場合によっては天候などにも左右されるだけに難しい面があります。とは言え、確実に為替相場に影響を及ぼすファクターを並べ上げることはできます。

　ここではまず、重要な項目だけを記しておきましょう。

　●**金融政策の違い**：中央銀行が市中に供給するマネーの量がどの程度のピッチで増えているかが、ドル円相場を左右します。お

金の増え方が速い方の通貨が下がるのが原則です。

●**金利差**：金利が相対的に高くなった通貨は、買われて高くなります。この影響力は即効的です。

●**貿易の動向**：輸出が順調に伸びている国の通貨は買われて高くなります。

●**インフレ率の差**：基本的には、インフレ率が高い通貨は下がります。しかし、これは短期的には観察することは難しいことが多いです。ただし、その影響力にはとても大きなものがあります。

●**景気（経済成長力）の差**：「お金は景気のいい国、通貨に行きたがる」が原則です。「お金を投資すればより高い付加価値を産んでくれる国に行きたがる」とも言えます。景気が悪く、企業業績もパッとしない国からはお金が流出し、その通貨は下がります。

●**資本移動**：上記「経済成長力の差」とも重複しますが、成長率の高い国の企業を買収したり資本参加するといったマネーの動きが、その国の為替相場を引き上げます。

●**政治情勢など**：政権が安定している国は、通貨も安定する傾向が強いです。

●**地政学的リスク**：中東における政情不安、ロシア、北朝鮮、中国などと米国を中心とした西側諸国の対立が激化したりすると、より安全な通貨として米ドル、日本円、スイスフランが選好される傾向があります。

◇　　　　　　◇　　　　　　◇

　為替相場を巡るメカニズムについては、例えば「日本では該当しないが海外の新興国ではよく見られる」といったことがままあります。インフラや経済構造が違うからです。その代表的なものは、天候異常や地震、風水害などが起きたケースです。こんな時、多くの

国では通貨が売られて下がるのが常ですが、日本の場合は逆に円高になる傾向があります。これは、日本が世界一の対外資産を持つ国であるため、天災地変などで万が一の場合には、外貨を売って国内に引き戻すので自国通貨が買われるためです。

　また、地域紛争などの地政学的リスクが高まったり、金融市場が混乱したりして世界的な経済不安が高まると、新興国の通貨は下がります。これとは逆に「世界一安定的な通貨」とみなされる円は、逆に買われることも、その一例です。次項以下では、そんな事情にも触れながら、為替相場を巡るメカニズムの基本を説明します。

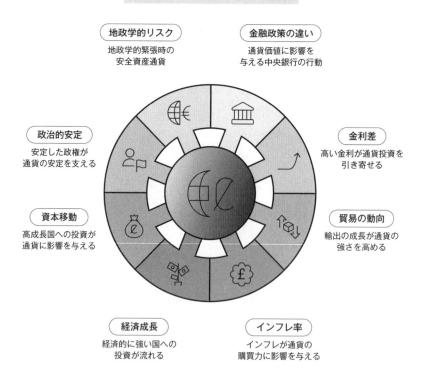

為替相場に影響を与える要因

- **地政学的リスク**　地政学的緊張時の安全資産通貨
- **金融政策の違い**　通貨価値に影響を与える中央銀行の行動
- **政治的安定**　安定した政権が通貨の安定を支える
- **金利差**　高い金利が通貨投資を引き寄せる
- **資本移動**　高成長国への投資が通貨に影響を与える
- **貿易の動向**　輸出の成長が通貨の強さを高める
- **経済成長**　経済的に強い国への投資が流れる
- **インフレ率**　インフレが通貨の購買力に影響を与える

2 貿易収支が為替相場を動かす

　為替相場とは異なる通貨間の交換レートのこと。より正確には、異なる通貨が売り買いされる時の需給バランスによって決まる交換条件ですね。つまり、為替相場の世界は需給バランスの原則が支配する世界です。株式市場と同じイメージです。

　ドル円相場だったら、需給バランスにより時々刻々決まるドル円相場を基準に、銀行が企業や個人に対しドルを売り買いする時の相場を決めるのです。

　では、様々な通貨の売り買いの需給バランスを決める要因は何でしょうか。実に多様な要因があるのですが、経済発展の歴史に照らしても最も基本になるのは、**貿易取引**に伴うものです。

　日本のような資源の乏しい国では、産業に不可欠な原油などのエネルギー源をほぼ全量輸入に頼っていますし、あらゆる機械設備などに必須の鉄鉱石、アルミ、銅などの各種鉱物資源。これらのエネルギー源、原材料を常に海外から購入する必要があります。

　日本のメーカーT社が、オーストラリアの企業S社から鉄鉱石を購入するケースを考えてみます。多くの場合、S社は「米ドルでの支払い」を要求します。そのため、日本のT社は円を米ドルに換えて支払わなければなりません。ここで、円を売って米ドルを買いたいという需要が発生するのです。

米ドルでの支払いが一般的な理由は、米ドルが世界的に最も流通している通貨であり、国際取引の標準通貨として広く受け入れられているためです。また、原油取引も古くから米ドル建てで行われてきました。

■ 貿易黒字→円高、赤字→円安が基本

一方、輸出を行う企業の場合はどうか。日本の自動車メーカーH社が米国のU社に自動車を輸出する場合、やはりU社からの支払いは米ドルで行われます。しかし、日本のH社が日本国内で事業を運営するためには、受け取った米ドルを円に換える必要があります。ここで、米ドルを売って円を買う取引が生まれるのです。

このように、企業の日常的な貿易活動によって、外貨（この例では米ドル）の売り買いニーズが生まれます。これが為替相場を決定する最も基本的な要因です。歴史的に見ても、異なる通貨の交換ニーズはこうした貿易取引から誕生したと考えるのが自然です。

以上のような輸出入に伴って、ごく自然に発生するドルと円の売り買いの需給バランスは、輸出と輸入の差額（貿易収支）により変動します。ということは、貿易収支がドル円相場に大きな影響を及ぼすということです。貿易収支は「輸出－輸入」を示すものであり、これがプラスの場合が「黒字」、マイナスだと「赤字」です。

長期的にみると、日本の貿易収支とドル円相場にはおおむね「日本の貿易黒字増加→円高」「貿易黒字減少→円安」という傾向が見られます。2010年頃まで日本はほぼ一貫して貿易黒字を続けており、その間は円高基調が続いていました。しかし、その後徐々に輸出が減るとともに輸入金額が増加して貿易赤字に転じたため円高はスト

110

第2章　何が為替相場を動かすのか？

貿易収支がドル円相場に与える影響

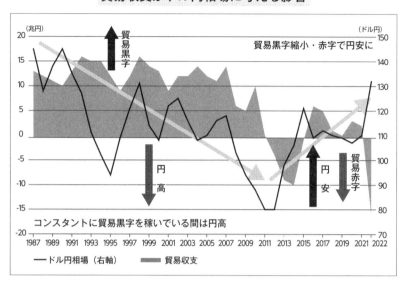

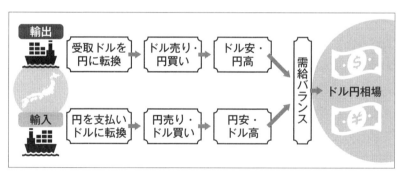

ップ、円安に転じています。

　貿易黒字が円高につながるのは、日本が輸出で稼ぐドルの円への交換が、輸入で円をドルに交換するより多いからです。「ドル売り・円買い」が「ドル買い・円売り」を上回るため、円への買いが多くなり、円高につながるのです。

■ 旅行などのサービス収支も重要

　以上の貿易は具体的なモノ（原油・鉄鉱石、自動車など）の取引ですが、モノの売り買いではないにもかかわらず、ドルと円の売り買いが必要な経済取引が多くあります。

　例えば、個人が海外旅行をする際には、円を外貨（米ドル、ユーロ、韓国ウォン、豪ドルなど）に交換して国外に持ち出します。また、旅行先で現金が不足した場合は、現地の両替所で円を売って現地の通貨を買うこともあります。

　逆に、外国人観光客が日本を訪れる際には、自国の通貨を売って円を手に入れ、日本国内での支出に充てます。これらの旅行に伴う円と外貨の取引は「サービス収支」と呼ばれます。

　サービス収支の為替相場への影響は、貿易収支ほど大きくはありませんが、一挙にインバウンド観光が活発化してきた近年では、その為替相場に対する影響力が増してきています。

　以上が為替相場を決定する基本です。しかし、現実の為替市場はこれらの要因以外に、実に様々な要素が絡み合って動きます。次項以下ではそれらの要因を取り上げていきます。

金利⇒為替

　金利差は、為替相場を左右するとても重要な要因であり、特に最近ではドル円相場に大きく影響を与えます。金利差の変動は、投資家のマネーの移動を通じて、瞬時に為替相場に影響を与えるのが特徴的です。

　特に、FXや海外株式投資などで積極的に資産運用を行う市場参加者が、日々の日米金利差の動向に敏感なのはそのためです。現在、各国の金利の動きについてネットサイト上では、多くのFX業者が詳細にそのデータを公開しています。

　2021〜23年には「米国金利の上昇予想で円が売られドル高進む」といったニュースがたびたび報じられました。金利変動が為替相場に影響を与えることを端的に示しています。

■ 日米金利差の変動がドル円相場に直結

　お金に国境のない現在、各国の金利の動きは為替相場に大きな影響を与えます。国内外でお金が移動（主なものは短期証券や債券の売り買い）するからです。

　例えば、米国国債の金利が上がるとドルの魅力が高まり、日本の機関投資家は国内で運用していた資金を引き揚げ、米国の国債を買います。個人も、利回りが高くなった米国国債で運用されている投資信託（米国国債ファンドといった名称で売られている）を積極的に買おうとします。こうした機関投資家、個人の行動は、いずれも日本円を売って米ドルを買うので円安・ドル高に動くのです。

日米金利差の変動がドル円相場を動かす

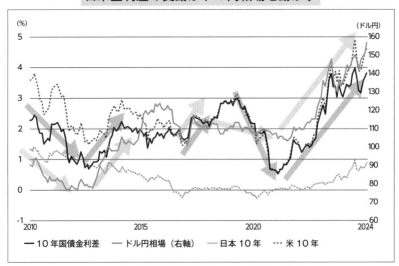

米国金利の一段高がドル高を促す

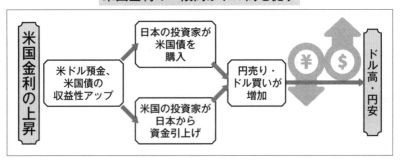

　こんな時、米国の投資家も日本の債券で運用していた資産を米ドルに換えて米国国債を買おうとするでしょう。ここでも円売り・ドル買いが行われるので円安・ドル高になるのです。

　その典型的な例が、2020年以降に急速に進んだドル高・円安でした。

　2020年には、インフレ対策のために米国が政策金利を引き上げるとの観測が強まり、それを先取りするように米国の10年国債の利回りが急激に上昇したのです。このため日米の金利差が拡大し、投資

家はより高い利回りを求めて、米ドル資産に資金を移動させたために、ドル高円安が進行しました。このため、ドル円相場は130円台から一時160円台まで、円安が一気に進みました。

　金利変動が為替相場に与える影響については、もう1つ重要なテーマがあります。それは**キャリートレード**。直訳すれば「移転(持ち越し)取引」。つまり、低金利の通貨で資金を借り入れ、高金利の通貨で運用する取引手法です。

　過去数十年の間に世界的に行われたキャリートレードの多くは、日本円を借り入れて米ドルやそれ以外の通貨で運用する「**円キャリートレード**」でした。もちろん、長期にわたって円の金利がほとんど世界最低である状態が続いたことがその背景にあります(キャリートレードについては第7章で詳しく説明します)。

　2024年7月末、日本銀行が多くの市場関係者の予想を裏切って利上げ(政策金利を0.1％から0.25％へアップ)するとほぼ同時に、ドル円相場が1ドル＝150円台後半から140円台へとドル安・円高に振れたことも、金利差がいかに為替相場に大きな影響を与えるかを私たちに知らしめることになりました。

金融政策⇒為替

　近年では、特に日米間における金融政策の違いが為替相場に与える影響が顕著です。金融政策は、各国の中央銀行が物価の安定や経済成長を促すために実施する政策であり、金利の変更や資金供給量の調整を通じて行われるものです。

　「より金融緩和の度合いが強い円が売られ円安が進行」。こんなフレーズはまさに、金融政策の差が為替相場に与える影響を端的に示しています。キーワードは「**金融緩和**」「**金融引き締め**」なのですが、為替相場に影響を与えるメカニズムは、主に**金利差と資金供給量の変化**に基づいています。

　日本が低金利政策を維持し、米国が金利を引き上げると、日米間の金利差が拡大、ドル建て資産に資金が移動するので、ドル高・円安が進行することはすでに述べました。

　もう1つは、中央銀行による資金供給量の差です。現在、先進国ではマネーの量をコントロールすることによる金融引き締め、緩和政策は主に、民間金融機関との間で行う国債などの売買を通じて行います。

　景気の浮揚を図る時には、民間金融機関から国債などを買い付け、その代金を民間金融機関に払います。これが民間への資金供給となるからです。

　逆に、中央銀行が保有する国債などを売ると、お金が民間銀行から中央銀行に回収されます。つまり、民間から資金を引き上げるわけです。こうして民間の資金量をコントロールしているのです。民

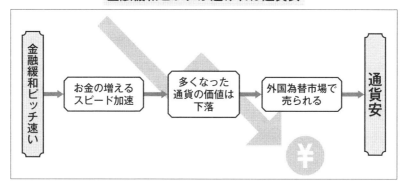

金融緩和ピッチが速ければ通貨安

間資金の増減は、為替相場に重大な影響を与えます。

　つまり、より多くのマネーが民間に供給され、お金がだぶつくとその通貨の価値は下がるということです。「**多くなれば価値は下がる**」という経済原則そのものです。

　例えば、米国のマネー供給の伸びが前年比5％、日本は20％なら、お金の増え方が急な円の価値が下がるのは当然です。

■ 資金供給量の差がドル円相場を動かす

　2013年、日銀は市場への資金供給を大幅に増やし、長期国債などを大量に買い込んだため、円の供給量が増え、それに伴って一気に円安が進行しました。一方、この時期には米国は逆に、民間への資金供給を徐々に絞り始めていたため、ドル高が進んだのです。

　その後2021年、わが国をはるかに上回るインフレに見舞われた米国は、それまでの金融緩和から引き締めに急旋回、資金の供給を絞りました。つまり、米国のマネーの増加ピッチが一気に鈍ったのです。逆に言えば日本の金融緩和の度合いが大きくなったのです。この政策の違いは、ただちに円安・ドル高として現れました。

金融政策が為替相場に与える影響で肝心な指標は、金利だけではありません。中央銀行による資金供給の伸び率も、大きな影響力を持ちます。
　このため、ドル円相場を読む上では金利だけではなく、同時に中央銀行の資金供給のスタンスの差を見ることがとても重要です。

5 物価⇒為替

「インフレ国の為替は買われて弱くなる」

この項のテーマを一言で言うとこうなるのですが、直感的にわかりにくいかもしれませんね。しかし、このメカニズムは、**購買力平価説**という考え方がうまく説明してくれます。

これは、「世界中で何の障壁もなく自由にかつコストもなく輸出入できるとしたら、同一の商品はどの国でも同一価格になるはず」という理論です。

■ 日米のビッグマックの価格が同じになるには？

具体的な例を挙げましょう。マクドナルドのビッグマックが米国で3ドル、日本で450円だとします。この場合、3ドル＝450円、つまり1ドル＝150円が合理的です。なぜなら、米国人が3ドルを450円に換えると日本でビッグマックが買え、逆に日本人が450円を3ドルに換えれば米国でビッグマック1個が買えるからです。ビッグマックを基準にする限り、1ドル＝150円が最も自然な為替レートというわけです。

では、日本の価格は変わらずに、米国でビッグマックが5ドルになったらどうでしょうか。この場合、5ドル＝450円となるので、1ドル＝90円が合理的な為替相場です。これは、米国の物価上昇（インフレ）によってドルの価値が下がる（ドル安円高）のが合理的であることを示しています。

しかし、現実には日米の物価を測る上でビッグマックの値段だけを基準にするわけにはいきません。そのため、平均的な家計が購入する商品をいわばバスケットに入れ、その平均的な価格を基準に購買力平価を考えるのが一般的です。これにより、より広範な経済活動を反映した物価が為替相場に与える影響を読むことが可能になります。

■ なぜ購買力平価の考えが有効なのか

　この購買力平価の考え方が、なぜ為替相場の動きを説明できるのでしょうか。上記のように米国製品が相対的に高くなった（日本の製品が安くなった）時、米国人は日本の製品を買おうとするはずです。つまり、日本から米国への輸出が増加するため、ドル売り・円買いが活発に行われると考えるのが自然です。このため円の需要が高まって円高が進むのです。

　より直感的なイメージで理解することもできます。インフレが進んでいるということは、それだけ通貨のモノを買う力（購買力）が下がっているということ。通貨が持つ最大の価値は「それでどれだけのモノが買えるか」です。ということは、インフレで購買力が下がった通貨は人は持ちたがらないので売りに出す。だから下がる、というようにです。

　1990年代半ば以降、2012年頃までのドル円相場は、おおむね購買力平価の考え方でうまく説明できます。この期間、日本はデフレ傾向が続き、米国のインフレ率は日本よりも高い水準にありました。この物価の格差が、長期的に円高を進行させた要因の1つだったのです。

120

第2章 何が為替相場を動かすのか？

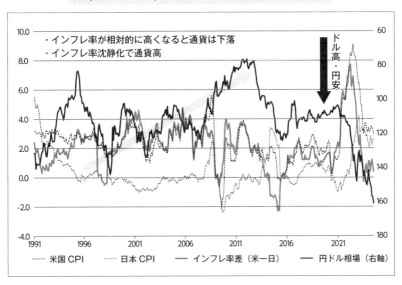

日米インフレ率の差がドル円相場に影響する

　この時期、日本はバブル経済の崩壊後、長期にわたるデフレに直面、日本の物価は低迷しました。一方、米国は比較的安定したインフレ率を維持しており、経済は成長を続けていたのです。このような状況下で、日米間のインフレ率格差が拡大。これによってドル安円高が進行したというわけです。

　1997年～2011年の日本の年平均インフレ率はほぼ0％であったのに対し、アメリカは2～3％でした。そしてこの間に相当程度のドル安・円高が進行していたのです（1997年：1ドル=120円、2011年：1ドル=79円）。これは、購買力平価理論が為替相場の長期的なトレンドを説明する上で有効であることを示しています。

　購買力平価のメカニズムが十全に働いている時には、米国のインフレ率が例えば6％で日本のそれが2％であれば、1年に4％分だけドル安・円高が進むと考えるのが合理的なのです。

これまでの経験則から言うと、中長期的には二国間の為替相場はおおむね購買力平価に収束する傾向があります。先ほどのビッグマックの例で言うと、1ドル＝150円→90円が合理的なのです。

　ただし、現実の為替市場では、それ以外の様々な要因が影響して、購買力平価から乖離することは珍しくありません。最近だと2021年頃からドル円相場は購買力平価から相当円安方向にブレており、2024年半ば現在では購買力平価に収れんする動きはまだみられません（この理由などについては280ページ以降で詳しく説明します）。

6 投資動向⇒為替

　国境を越えた投資に伴うマネーの動きも、重要な要因として数えられます。つまり、株式や債券の大量の売り買い（投資動向）や海外企業への資本参加を目的とした株式取得などは、為替相場の中長期的なトレンドを読む上で目を離せません。こうした資本（お金）の動きが、為替相場により大きな影響を与えるきっかけは2つありました。

　1つは、1980年代から世界的規模での大規模な金融自由化と規制緩和（金融ビッグバン）により、国境を越えたマネーの流れが一挙に自由化されたことです。為替取引が自由化されたほか、内外の金融機関の業務の垣根が取り払われたことで、国境を越えた証券売買が一気に拡大したのです。

　2つ目はやはり同じ頃、主要各国は外国企業による国内企業の吸収・合併を規制していたのを、徐々に緩和し始めたのです。それ以前は各国ともに自国企業を他国から守るために、外国資本の参入を原則として認めなかったのですが、それが急速に自由化されたのです。

　これらの措置に伴い、証券売買、企業の吸収・合併、資本参加などを通じたグローバルな資金の流れが、各国の為替相場に大きな影響を及ぼすに至ったのです。

　具体的な事例を掲げておきましょう。

■ リーマンショック後の市場動向

　2008年9月、リーマン・ブラザーズ（米大手銀行の1つ）の破綻は、

世界的な金融危機を引き起こしました。これにより、投資家はリスク資産から手を引いたため、世界中で株式が売られるとともに、特にリスクの高い企業が発行した債券の売りが加速したのです。

このような株式や債券市場での大規模な売りが、為替市場に影響を及ぼしたのは当然のことでした。投資家はリスク回避のため、米ドルや日本円などの安全資産に資金を移動。なかでも、円に対する買いエネルギーは強く、円高が進みました。2008年10月には、ドル円相場が一時1ドル＝90円台に突入するなど、急激な円高が進行したのです。

この時期の為替相場の動きは、リスク資産から安全資産への資金移動が円相場にどのように影響を与えるかを示す格好の例です。

■ 日本の対外直接投資と円安

2010年代初頭から2020年代にかけて、日本の多くのメーカー企業は円高による収益の悪化を克服するため、積極的に海外へ進出しました。これは、国内市場が縮小、成長が鈍化したために、より成長率が高い海外での事業展開を図るためでした。

自動車・電機メーカーは、北米やアジア各地に生産拠点を移転、現地生産を強化しました。このような対外直接投資は、円を売って現地通貨を買う動きを伴います。これが、この時期の円安を後押ししたことは言うまでもありません。

■ 個人マネーと為替相場

個人投資家の動向も為替相場に影響を与えます。日本では、2000年頃から超の字が付く低金利環境が続くなかで、個人投資家が海外の高利回り資産に投資する動きが活発化しました。海外の高利回り債券で運用する外債ファンド（投資信託）や米国債券への投資が増

資本移動による為替相場の変動

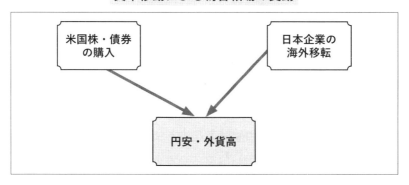

加、これに伴い円を売り、外貨を買う動きが強まったのです。

さらには、同じ時期には、個人投資家によるFX（外国為替）が活況を呈し始めました。2000年代には、決まったように正午過ぎ、そして午後5時からしばらくの間に、一瞬ドル高が進むという奇妙な現象が度々観察されました。

最初は専門家も首をひねっていたのですが、どうやら一般のサラリーマンがこの時刻にスマホを使ってFX投資に参入、ドルを買っていたことが原因らしい、となったのです。

地政学的リスクが為替に及ぼす影響

　地政学的リスクも、為替相場に大きな影響を与える要因の1つです。地政学リスクとは、特定の地域における政治的、軍事的な緊張や紛争が、関係国や世界経済に及ぼす不確実性を指します。地政学的リスクが高まると、為替市場ではリスクを回避しようとする動きが強まり（**リスクオフ**）、安全資産とされる通貨が買われる傾向があります。円、米ドル、スイスフランがその代表です。

　これらの通貨は、流動性が高く取引が活発であるため、リスクオフ（人々がリスクを回避する）の時に選好されやすいのです。なお、金も安全資産として買われることが多く、地政学的リスクが高まると金価格が上昇する傾向があります。

　いくつかの具体的な事例を挙げてみましょう。

■ イランと米国の緊張

　2020年1月、イランが米軍駐留のイラク基地を攻撃した際、地政学的リスクが急速に高まりました。このニュースを受け、為替市場では円が全面高となりました。投資家がリスク回避のために円を買った結果です。また、原油価格や金価格も上昇しました。地政学的リスクが高まると、関連する地域の資源価格にも影響を及ぼすことが多いです。

■ ウクライナ危機

　ウクライナを巡る欧米とロシアの対立も、地政学的リスクの一例です。2022年2月に勃発したロシアのウクライナ侵攻危機は、特に

地政学的リスクが為替を動かす

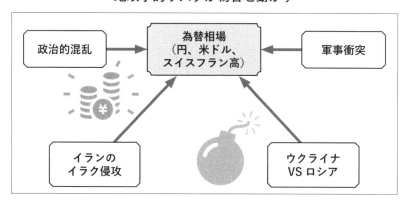

ロシアから欧州へのガス供給に影響を及ぼし、エネルギー価格の急騰を引き起こしました。

為替市場では、リスク回避の動きが強まり、米ドルやスイスフランが買われました。とともにリスク資産である株式は売られ、一段安くなっています。

■ 地政学的リスクの短期的・長期的影響

地政学的リスクの影響は、短期的なものから長期的なものまで様々です。短期的には、ニュースが市場に伝わると即座にリスクオフの動きが強まり、安全資産が買われます。しかし、リスクが鎮静化すると、資金は再びリスク資産に戻ることが多いです。

さてでは、地政学的リスクが表面化した時には、ドル円相場はどう動く可能性が高いでしょうか？

一般的には、米ドルよりも円が高くなる傾向が強いというのがこれまでの経験則です。これは、日本国が対外的に保有する純資産が世界でトップの座を維持し続けていることから「安全資産」としての

評価が高いからです。先ほど触れたように2020年1月、イランが米軍駐留のイラク基地を攻撃した際には、円が全面高となり、ドル円は円高に進みました。

　ただし、特に、米国の経済が強い場合や、米国が関与する地政学的リスクが高まる場合には、円よりも米ドルが買われることがあります。例えば、2022年に勃発したウクライナ危機の際には、米ドル高になっています。

　一般的には、地政学的リスクが高まる時には円がより強くなることが多いとされますが、どちらが強くなるかは、リスクの内容によって異なります。

　円は地理的にアジアに位置し、アジア地域での地政学的リスクが高まると強くなるのに対し、米ドルは世界的なリスクが高まる時に強くなることが多いです。これは、米ドルが国際的な取引での主要通貨であり、かつ世界一の軍事力を持っていることが評価され、世界中の投資家がリスク回避のために米ドルを購入するためです。

8 景気指標が為替相場に与える影響

　各種の経済指標の発表がきっかけになって為替相場が動くという事例は、日常的に観察されます。経済指標は、国の経済状態を様々な側面から示す統計データである以上、それは当然のことです。GDP（国内総生産）、失業率、インフレ率、貿易収支などが代表的なものです。

　これらの指標が公表されると、金融市場は即座に反応し、為替相場が変動することがしばしば見られます。最近とりわけ注目されているのは、米国の雇用をめぐる経済指標です。米国の雇用者の伸びが予想を下回ったり、失業率が予想を超えて上がった時には、ただちにドルが下落、円高が進行するという現象は幾度も見られたことです。

　「予想を上回る米景気の拡大でドル高進む」。これなどは、景気指標が発表され、それが為替相場にただちに影響を与えたことを報じる典型的なニュースです。これは、景気がよい国の通貨は買われて高くなるのが基本であることを示しています。

　古くは日本が高度成長を果たした1970年代以降から1990年代半ばまでは円高傾向が長く続きました。

　最近だとITデジタル、生成AIなどの先端技術の分野で米国景気が予想以上に力強かったことを受け、2020年〜 2024年にはドル高・円安が進んだことは記憶に新しいところです。基本的には経済の先行きが明るいと市場が判断し、ドルへの投資が増えたためです。

　お金は、自分をより大きく増やして（育てて）くれる可能性のある

市場(国)へ移動したがる、とイメージすればわかりやすいでしょう。
以下、いくつかの経済データにつき説明します。

米国の景気が力強く推移して生産が増加、企業収益は拡大、雇用増、賃金が順調にアップ、株高が続くとドルが買われる理由を4つの側面から考えてみましょう。

景気がよく企業が儲かっている時：

「引き続き米国株は上がるだろう」という思惑からお金はドルに向かいます。つまり円が売られ、ドルが買われるので円安・ドル高になるわけです。これは四半期ごとに発表される**企業決算**データのほか、**雇用者の増減**データ、**失業率**などのデータを通じて知ることができます。

景気拡大で生産増の時：

これは往々にして**鉱工業生産指数**のデータとして現れます。米国企業の良質な製品やサービス生産が増えると、海外への輸出が増えます。そこで、これを輸入する海外の企業は代金支払いのためにドルを買うためドル高になります。つまり、米国の貿易収支が改善すると予想されることから、ドルは上がるのです。

米国へお金が移動する時：

米国の**GDP**が順調に拡大している時には、**個人消費**の拡大がその主因となっていることが多いものです。こんな時、日本企業が米国現地で支店や駐在員事務所の開設を活発に行います。米国での生産を増やし、米国市場向けにそれを販売すれば、より多くの収益が得られる可能性が高いからです。その過程で円が売られドルが買われます。つまりドル高です。

経済指標が為替相場を動かす

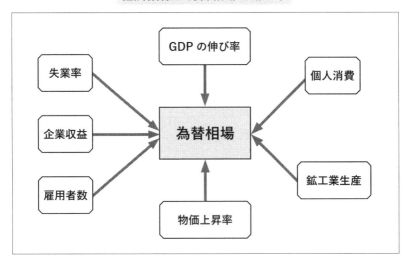

金利を上げる時：

　物価が順調に上がり失業率が改善している時には、金利は上がる可能性が高くなります。米国の中央銀行は特に物価と失業率を重視して金利政策を決める傾向があります。米国の金利が上がると、投資家にとってドルの魅力が高まり、米国へ資金が流入しやすくなるのです。これにより、ドル高になります。

　近年では、2020年以降、米国の景気データに対する注目度はきわめて高くなっています。特に**GDP、失業率、インフレ率**などが予想以上に景気の拡大を示した時、ドル高になる場面が多くありました。

現実の為替相場を観察する際には、その時々で注目される指標は違ってきます。例えば米国での利上げ、利下げの時期が微妙な時には特に雇用者数や失業率統計そして物価データに市場の関心が集まるのが普通です。

また、景気の先行きが微妙な時期には、以上のデータに加え、企業経営者の景気への見方を反映するISM景況感指数（米サプライマネジメント協会発表）などが特に注目されます。

　なお、以上のうち中央銀行の金融政策変更や貿易収支あるいはインフレ率などの指標も為替相場には大きな影響を与えますが、これらについては、第6章8項以降（250ページ）で詳しく説明してあります。

第3章 為替相場が動けばどうなる？

為替⇒物価

　この章では、為替相場が動けばどうなるかを話します。
　このテーマについては、「旧来からの常識」とともに、近年の経済・社会構造の変化によって、その常識が部分的に通用しなくなったという事例も少なくありません。
　このため、まずは「原則（旧来からの常識）」を説明したあと、「新常識」として新たなメカニズムを説明しておきました。

　「これ以上円安が進めば、ガソリン、食料品等の輸入品を中心にさらなる物価の上昇は避けられない」。円安インフレが進んでいる時の典型的なニュース原稿です。2022年から本格化した急速な円安により、私たちは輸入品を中心にほとんど30年ぶりといっていいインフレに直面しています。
　為替相場の変動は、まずは輸入物価に直接影響を及ぼします。円安が進行すると、外国からの商品を購入するためにより多くの円を支払わなければなりません。その結果、輸入品の価格が上昇し、国内の物価全体を押し上げます。

　1ドル＝100円から200円の円安になったとします。今まで海外市場で、1ドルで売られていたものを100円払って輸入していたのが、200円払わなければ手に入らないのです。つまり、輸入物価が上がり、消費者物価も上がるのです。
　これは、原油や穀物などの重要な資源の輸入において顕著です。輸入価格の上昇は、製造業をはじめあらゆる産業のコストを押し上

円安→物価上昇、円高→物価沈静が原則である

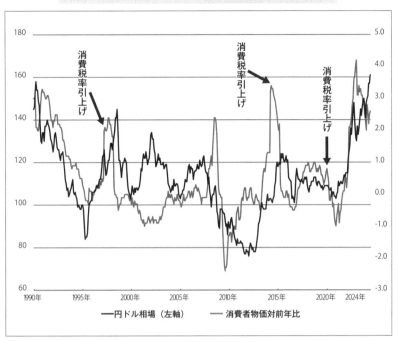

円安により国内物価が上がるメカニズム

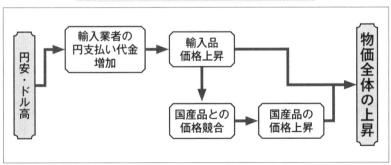

げ、最終的に消費者価格に転嫁されるのが一般的です。これが**輸入インフレ**と呼ばれるものです。

通貨安がその国の物価高に影響する度合いは、どれだけその国が輸入に依存しているかで決まります。なかでも日本にとって重要な品目は、原油や素材・原材料です。原油価格の変動が経済に与える影響はきわめて広範囲にわたるし、鉄、アルミ、銅、肥料、飼料は多くの製品の材料、食料品の生産などに幅広く使われているので、影響が広範囲に及ぶのです。

■ 円安は国産品の価格をも引き上げる

　特に原油は、原油→重油→ガソリン価格の上昇だけでなく、船舶・トラック・航空機による輸送コスト、電気料金、多くの化繊、プラスティック製品の値段に直接跳ね返ります。つまり、円安は輸入品の価格だけを引き上げるにはとどまらないということです。

　円安で輸入品の価格が上がると、国内消費者は輸入品から同種の国内製品に切り替えるでしょう。つまり国産品の買いが増えるため、需給バランスの原則により、国産品にも物価上昇圧力がかかるのです。

　円相場の変動が国産品価格にも影響を与えることについては、円高のケースの方がわかりやすいでしょうか。以上とは逆に、円高だと海外からの輸入品価格は下がりますが、この場合、その製品と競合する国産品の価格も引き下げざるを得ません。

　実際、私たちは円高による輸入品価格の下落で、国産品が立ち行かなくなった例をこれまでにも多く見てきました。特にハサミ、包丁などの刃物類、タオル、多くの玩具、文房具などの業界ではそれが顕著でした。2010年頃までの長期にわたる円高で、海外から安価な輸入品が大量になだれ込んできたため、ほとんど壊滅状態になった業界も少なくありません。

136

為替⇒輸出

　円安がわが国の企業に与える影響のうち最も重要なことは、輸出入に伴う採算が変化することです。例えば、1ドル＝100円から200円に円安が進むと輸出業者は、次のような事態に直面します。

価格がドル建ての場合：

　　1万ドルの工作機械を輸出すると、1ドル＝100円の時は100万円にしかなりませんでしたが、1ドル＝200円になると、自動的に売り上げは200万円にアップします。その時、「値下げしようか」と考えます。例えば8,000ドルに下げたとします。これでも160万円の売り上げが確保できます。値下げにより米国市場において価格面で有利な立場に立てるため、販売台数も増える可能性が高いです。

　しかし、現在日本の企業による輸出のうちドル建ては50％程度であり、35％は円建てで行われています。では円建てで行われた場合、日本の輸出企業にとっての採算はどうなるでしょうか。

価格が円建ての場合：

　　輸出価格は100万円とします。1ドル＝100円の時、米国の輸入業者は1万ドルを100万円に換えて支払います。しかし、1ドル＝200円になれば5,000ドルでOKです。つまり、米国の業者は同じ日本の自動車を買うのに、5,000ドルでよくなるのです。当然、米国では半値で売れるのですから、日本からの輸出

台数は増える可能性が高いです。

　以上のように、ドルなどの外貨建て輸出だけではなく、円建てで輸出する場合でも、円安になると、輸出業者の採算が好転し売り上げが増えます。さらには、その製品の価格競争力もアップするので販売量が増え、市場でのシェアも増えます。特に日本の企業は古くから、市場での販売シェアを高めることを重視する傾向が強く、これらの企業にとっては円安は二重、三重のメリットがあります。

■ 円安で生産コストが上がることには注意

　ただし、上記はいずれも輸出活動だけにフォーカスしたものです。輸出製品を生産するための原材料は国内で調達されたものばかりではありません。自動車をはじめ、機械、半導体生産装置、各種センサー、電子部品など多くの輸出製品は、その原材料に輸入に依存せざるを得ない原油、鉄鉱石、希少金属などを多く含みます。また生産過程では必ず電力を必要とするので、原油ほか天然ガス、石炭などの輸入価格が円安で上がると、確実に生産コストは上がります。

　つまり、輸出活動だけを見る限り、円安は売り上げを増やし、輸出先での価格面での競争力を高めるのですが、そのうち一部は生産コストの上昇で相殺されることになります。

　このため、原材料や中間財の国内調達率が高い企業や、生産性の向上によりコスト上昇を吸収できる企業は、円安によるメリットをより多く受けることになります。

　円安が日本の輸出企業の採算に与える影響の基本は以上の通りですが、円高はこれはとはまったく逆になります。輸出に伴う売り上げが減少、海外市場での価格競争力が落ちるのが原則です。

円安で増える輸出金額

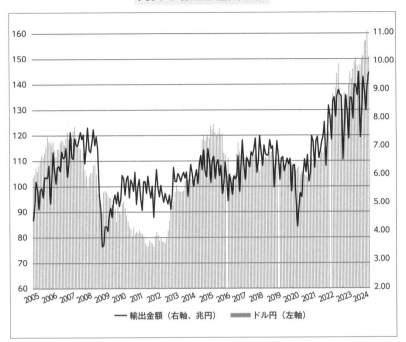

円安が輸出企業に与える影響

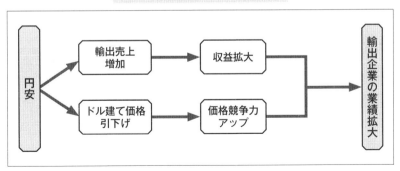

為替⇒輸出（新常識）円安でも増えない輸出数量

　2023年まで10年以上にわたって続いた超金融緩和政策が始まったのは2013年のこと。この年にスタートした第二次安倍政権下での経済政策（アベノミクス）が、最初につまずいたのは「円安なのに輸出数量が増えない」ことでした。これは、政策担当者たちの予想を完全に裏切るものでした。

　前項で話した通り従来の経済常識では、円安になれば輸出売上げが増え、同時に輸出量も増えるはずでした。円安になれば、ドル建てでの輸出価格を多少引き下げても十分に採算が合います。

　1ドル＝100円の時に1ドルで売れば売り上げは100円。しかし、1ドル＝150円になると0.8ドルに値下げしても、売り上げは120円に増えます。こうすれば、輸出先企業は値段が下がったことを好感し、輸入数量を増やすことが多かったのです。

　こうなれば、日本の輸出企業は売り上げだけではなく輸出数量も増加→国内生産の増加→雇用の拡大→賃上げ→個人消費拡大→デフレ経済からの脱却が可能、というシナリオが描かれていたのです。

■ 輸出数量が増えないことに慌てた官邸

　しかし、アベノミクスがスタートした直後の2013〜2014年、一向に輸出数量は増えなかったのです。首相官邸は慌てました。そして民間のエコノミストにその理由を問い合わせたのですね。そこで明らかになった理由は、大きく分けて2つありました。

　1つ目の理由は、輸出企業が円安でも輸出価格を下げなかったこ

第3章　為替相場が動けばどうなる？

円安でも増えない輸出数量

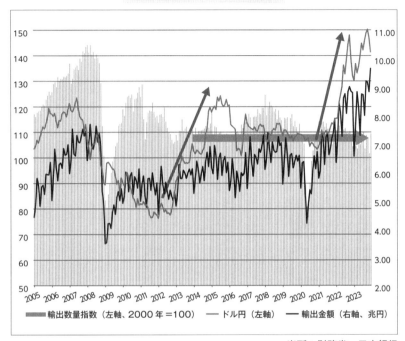

出所：財務省、日本銀行

円安でも輸出が増えない理由

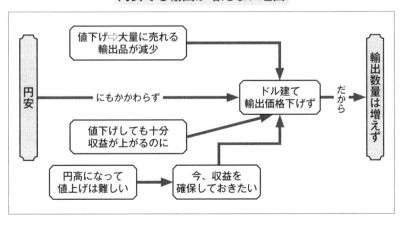

とです。従来のように価格を下げて売上数量を増やすのではなく、価格を下げず「より多くの収益を確保する戦略」をとったのです。そのため輸出量は増えませんでした。では、なぜ企業は価格を下げなかったのか。

　実は、2008年のリーマンショック後の円高時に、多くの輸出企業が値上げ交渉に失敗し、売上が減って苦しい思いをしたからです。トヨタ自動車でさえ1兆円規模の赤字に陥るほどでした。

　そのため、多くの企業は次のように考えたのです。「確かに今は異例の金融緩和により円安が進行中だが、いつまでも円安が続くわけがない。だから今値下げしたとして、再び円高になった時、輸出先の米国企業に『値上げさせて』と言っても受け入れてくれないだろう」と。こうして、価格据え置きという判断につながったのです。だから輸出数量は増えなかったのです。

■ 大幅に入替わっていた輸出品目

　2つ目の理由は、「値下げしたら多く売れる」という輸出品が減る一方だったことです。その代表が洗濯機、冷蔵庫、炊飯器などの白物家電でした。これらの製品は以前なら、値下げをすれば海外の企業の製品との対抗上、より多く売れました。しかし、この分野では韓国、中国等のメーカーが急速に力をつけ、日本国内での生産は壊滅的な状態に追い込まれていました。

　それに代わってこの時期に輸出が増えていたのが、スマートフォンに組み込む小型モーター、液晶パネル、カメラセンサー、リチウム電池等の高付加価値製品でした。これらの製品は値下げしたからと言って多く売れる性格のものではありません。

　こうした理由が重なったことで、日本の輸出量は増えず、結果的に国内生産の拡大にもつながらなかったのです。つまり、金融緩和

142

→円安による輸出増加と国内生産の増強→経済成長というシナリオ
通りにはことは進まなかったのです。

為替⇒株価（原則）

「円安進行で、自動車、機械など輸出企業の株価は一段高」

私たちが頻繁に目にするのがこの手のニュース記事です。またテレビ、ラジオは定時にドル円相場と株式市況を報じますが、その際、為替相場の影響を受けて日本株が上がった、下がった、という定形表現が頻繁に使われます。これは株価が、とりわけ為替相場からの影響を強く受けることを示しています。

ある自動車メーカーが輸出で1億ドル稼いだとしましょう。1ドル＝100円の時だと売り上げは100億円ですが、1ドル＝150円の円安になると売り上げは自動的に150億円になります。つまり円安によって、企業の輸出代金の円での受け取り額がほぼ自動的に膨れ上がります。

こんな時は売り上げ高や利益が増加するため、業績改善への期待から、配当の増額期待も高まり、当該企業の株価は上昇しやすくなります。特に輸出に力を入れている（輸出比率が高い）企業ほど株が買われ高くなります。自動車がその典型ですが、精密、機械、半導体製造装置メーカーなども同じ。もちろん、これらの企業は逆に円高になると、売り上げが減り業績は低迷、株価は下がるのが普通です。

自動車、機械、精密、半導体といった企業は規模が大きく、かつ関連会社が多いため、日本経済全体に大きな影響を与えます。とりわけ、日経平均株価に採用されている225銘柄の企業は、日本の産業全体の産業別シェアよりもはるかに輸出メーカーの比率が高くなっています。このため、円安→輸出企業の業績アップからの影響を強く受けるという特徴を持ちます。

■ 輸出企業銘柄が多い日本の上場株式

　また、円安によって円の売り上げ代金が増えるだけではなく、先ほど説明したように、ドル建てでの輸出価格を引き下げても十分利益が得られることから、多少の値下げを行うことが多いです。輸出価格の値下げにより、輸出先の国での価格競争力が高まり、その結果市場シェアがアップすることもメリットとして働きます。

　一方、電力、ガス、小売、建設、不動産などの企業は、売り上げのほとんどを国内に依存しているため、内需関連株と呼ばれます。これらの企業の対外貿易のほとんどは原油、建設資材、鉱物資源等の輸入で占められています。つまり、円安になると輸入材の価格が上がりコストアップとなるので、業績が悪化し円安→株価下落になるのが一般的です。

　上場されている日本株の多くは、前者の輸出型企業であるため「円高は日本株を下げる」というのが為替相場と株価との関係の基本と考えられているのです。

円安・ドル高により明暗別れる株価

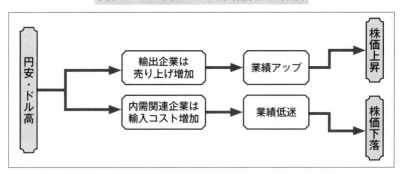

円高⇒日本株安、円安⇒日本株高が原則

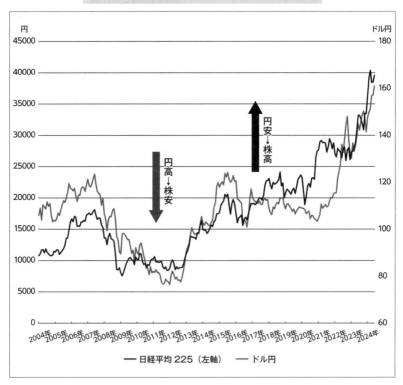

●コラム● 為替相場の変動が株価に与える影響

本文では、円相場の変動が企業に及ぼす影響は、主に貿易活動に限定して説明しました。

しかし、これ以外にも企業活動ならびに株価に影響を及ぼす要因があります。

■円安で国内企業が持つ海外資産の価値が上がる

円安は、国内企業が保有する海外資産の円ベースでの価値を押し上げる効果もあります。

企業が海外に保有する資産には、株式や債券など様々ありますが、これらの資産は通常、米ドルなどの外貨建てで評価されています。円安が進むと、同じ額の外貨でも、円に換算した時の価値は大きくなります。

１ドル＝100円の時に100万ドルで購入した米国株式は、その時点では円に換算すると１億円です。しかし、円安が進んで１ドル＝200円になると、同じ米国株式の価値は自動的に２億円に跳ね上がります。

また、現地法人の収益の円換算額も円安により増えることは言うまでもありませんね。

いずれも、日本企業の資産価値が上がるため、それが評価されて株価を押し上げます。

ただし、企業活動の実態に変化がないにもかかわらず、為替変動のみで資産評価額が上がっているにすぎず、一時的な見かけ上の増加とも言えます。言ってみれば高下駄を履いたようなものだからです。

■円安で海外投資家が日本株を買い増して日本株高

円安は、海外投資家による日本株投資を促進する効果もあります。円安になると、年金ファンドなど海外投資家の保有する日本株のドル建て評価額が下がるため、ポートフォリオ内の日本株の比率が低下します。この比率低下を埋めるため、日本株の買い増しが行われる場合があります（**リバランス**と呼ばれる行為です）。

こうした買い需要が日本株高をもたらします。多くの年金ファンドなどは、各資産のポートフォリオ比率を一定の水準に維持するというスタイルで運用しています。日本株の売買の6割程度が外国人投資家により行われているため、こうした買いが増えることで日本株高につながりやすいのです。

ちなみに、わが国の公的年金を一元的に運用するGPIFも、日本株、日本債券、外国株式、外国債券を各25％組み入れるという運用スタイルをとっています。

為替⇒株価（新常識）
薄れてきた為替からの影響

　私たちは「**円高は日本株安**」「**円安は日本株高**」をワンセットとみることに慣れています。前項で説明した通りです。これは日本は自動車、機械、電機などのメーカーが産業の根幹を支えており、これらの企業は輸出依存度が高いためという前提に基づいていました。

　つまり、円高でこれらの企業が活力を失うと日本株全体が下げるという連想が強く働いていたからです。しかし、最近ではこの円相場と日本株の関係が薄れつつあることを指摘しておく必要があります。円高でも株価が上昇し、円安でも株が下落するという、これまでの"常識"に反する現象が起きることがたびたび起こっているのです。その背後には、日本企業が過去10数年の間に経験してきた構造変化があります。

　右ページ図に見る通り、2016年まではおおむね「円高は日本株安」「円安は日本株高」という原則通りに動いていましたが、その後は様変わりしています。なぜでしょう？　主な原因として考えられるのは以下の3つです。

　1つ目は、円高に弱い自動車、機械などのメーカーが長年にわたる円高に対処するため、生産拠点を海外に移動したことです。特に、2008年のリーマンショック後に起きた急激な円高に対処するために、こうした動きが活発に行われたのです。と同時に、生産するための部材なども、現地で調達するようになりました。

　つまり、海外で生産したものを現地で販売するというわけですか

円高でも日本株は下がりにくい

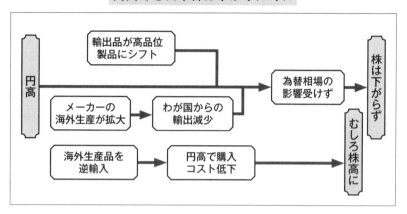

円相場との連動が切れつつある日本株

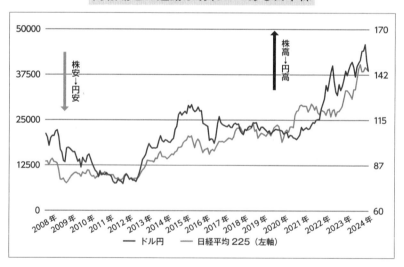

ら、日本から輸出するというルートが急速に細くなったのです。米国に移転した工場で、ドル建てで仕入れた原材料を加工して生産した品物を、ドル建てで売るわけですから、為替相場の影響は受けません。その結果、日本の企業であっても株価は円高、円安に左右さ

れにくくなったのです。

　２つ目は、日本の輸出品の品目が大きく変わったことです。2010年代半ば頃まではテレビ、冷蔵庫、洗濯機、エアコンなどの家電、雑貨、文房具など、円高になると値上げしなければ採算が取れない製品が多くありました。ところが「中国や韓国産の安い製品でも日本製品には見劣りしないので、値上げするならそちらに切り替える」と脅されることもありますね。そして、輸出売り上げが減り、苦しむ企業が増えてきたのです。このような価格いかんで売れ行きが大きく左右される商品をコモディティ商品と呼びます。

■ 輸出品からコモディティ商品減少へ

　つまり、それまでは為替相場の影響をもろに受けるコモディティ商品が輸出の１つの柱になっていたのですが、2010年代半ば頃から為替相場に売れ行きが左右されにくい輸出品が増えてきたのです。どういうことでしょうか。

　142ページで触れたように2008年のリーマンショック後の急激な円高で国内生産の家電、雑貨などの輸出競争力がそがれてしまったため、輸出製品を高品質中心のものに徐々に切り替えていったのです。つまり、海外の輸入業者から見て「これは日本企業から買うしかない」という製品が輸出の柱になってきたのです。

　半導体関連の測定・検査機器、各種センサー機器、航空機エンジンの部品などに加え、産業用ロボットや半導体製造機器、生産工程の自動化機械が輸出の主役に躍り出てきたのです。特にファナック、安川電機、東京エレクトロン、コマツなどは他社の追随を許さない独自の製品を生産、輸出しています。これらの製品は為替相場からの影響はそれほど受けないのです。海外の輸出先企業からみると、

151

「多少値上げされても日本の製品を買うしかない」ためです。

　3つ目は、逆輸入ビジネスモデルの台頭です。海外で部品や完成品を生産し、逆輸入する企業が増えてきたことです。現地で原材料を購入し、現地で加工して製品化します。ここまではドル建て。それを円高の日本で売れば、より多くの利益を手にできるからです。これは円高になればドル建ての海外製品を安く買えるため、国内で販売すると儲かるのと同じ理屈です。

　簡単な例で考えてみます。
　日本の会社が、1ドル100円の時にアメリカで1個10ドルの製品を作ったものを日本に輸入して1個1,500円で販売しています。この時、製品1個あたりの生産(仕入れ)コストは日本円で1,000円。
　10ドル × 100円 = 1,000円
　日本国内で1個売れるごとに500円の利益です。
　その後、円高で1ドル80円になれば、生産(仕入れ)コストは日本円換算で800円に下がります。
　10ドル × 80円 = 800円
　こうして、1個あたりの販売利益は700円に増えるというわけです。

　このように、海外へ輸出していた製品を現地で生産するだけではなく、日本で販売する製品を海外で生産すると円高のメリットを受けられるのです。

　2008年のリーマンショック後の円高に悩まされた日本では、以上のように企業行動が大きく変化してきていたのです。このため、一概に円高が輸出企業の業績を悪化させ、日本株全体の下落につなが

るとは言い切れなくなってきたのです。むしろ円高で原材料、部品の購入コストが下がり、逆に企業業績にプラスに働き、株高になることすらあるのです。

為替⇒金利

　為替相場の変動が、その国の金利を動かす事例はたびたび見られます。わが国ではあまり見かけないのですが、特に新興国では頻繁に起こります。このため、新興国への投資に際してはこの原則はとても重要です。

　「ブラジルレアルの下落とともにブラジル国債の利回りは上昇」。ちょっと注意してみていると、このような表現を目にすることがあるはずです。通貨が下落すると、その国の金利は上がるのです。なぜでしょう？

　1つ目は、通貨下落によりその国からお金が流出すること。2つ目にはお金の国外流出によりその国の債券が売られて利回りが上がることです。さらに3つ目には、通貨下落にブレーキをかけるために、政策的に金利が引き上げられることが多いからです。

　少し詳しく説明しておきます。

■ 貸付金利が引き上げられる

　1つ目。ブラジルのように「資本の蓄積が乏しい＝十分な産業資金が国内にない＝国外からお金を借りざるを得ない」国では、米国からドル建てでお金を借りるのが一般的です。こんな時、何らかの理由でブラジルレアル相場が下落したとしましょう。

　ブラジル企業にお金を貸した米国側は「早いうちに回収しておかねば」と資金を引き上げるので、ブラジルは資金不足に陥ります。そうなると、お金の取り合いになるので、金利は上がります。「少

第3章　為替相場が動けばどうなる？

通貨安は金利を引き上げる

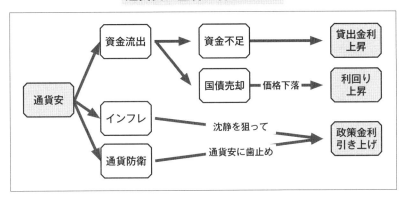

レアル安はブラジル金利を引き上げる

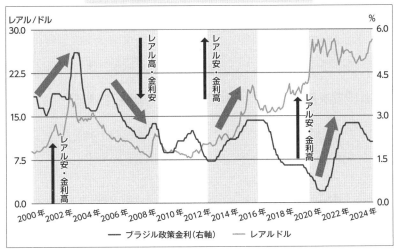

ないものの価値は上がる」＝「マネーの量が減れば金利は上がる」というわけです。

■ 国債が売られて金利が上がる

　2つ目。日本では、長引く低金利にしびれを切らした個人投資家

の多くが、ブラジルなど高金利の国債を組み入れたファンドを多く買っていました。

　しかし、ブラジルレアル相場が下がると、これらのファンドの価値は下がります（為替差損を受けて基準価額が下がる）。それを回避するため、レアル相場が下がり続けている時には、ファンドに組み入れたブラジル国債を売って、そのレアルを円に換えるという取引が増えるのです。その際、ブラジル国債は売られるので価格は下がり、利回りは上がるというわけです。

　　※債券が売られて値段が下がるということは、より安く買えるということ。つまり、債券を買う人にとっては「有利になる＝利回りが高くなる」わけです。

　こうしたメカニズムは特に、ブラジルほか東南アジア諸国など、金融資産の蓄積が未熟な国で頻繁にみられる現象です。

■ 通貨安を防御するために政策的に金利を上げる

　3つ目。通貨安はほぼ確実に、その国の物価の上昇を招きます。輸入物価の上昇が国内全体の物価を引き上げるのです。インフレ率の上昇は、その国の一般の人々の生活を貧しくします。

　これを避けるために、政府が最初に検討するのが、金利を上げることです。つまり利上げによって金利収益の高さをアピールし、マネーがその国から流出することを防御しようとするのです。「通貨下落対策の利上げ」というわけです。

　以上のメカニズムがほぼ同時に働き、通貨の下落に伴いその国の金利が上昇することが多いのです。

7 マーケットメカニズムを見る上での留意点

■ 時期により為替に影響を与える要因がチェンジする

　これまで動きを振り返ってみると、その時々での為替相場に与える要因が入れ替わるという現象をたびたび目にします。

　例えば、2008年の世界金融危機の際には、金融システムの安定性や中央銀行の政策が為替相場に最も大きな影響を与えていました。しかし、危機を脱した後の回復期には、各国の経済成長率や貿易収支などがより重要な要素として浮上してきました。

　また、従来にはなかった新たな要因が登場、為替相場へ影響を与え始めることもあります。

　近年では、気候変動対策やESG（環境・社会・ガバナンス）への取り組みが、為替相場に影響を与える新たな要因として注目されています。環境規制の厳しい国の通貨が、強くなる傾向があるのです。

　さらには、グローバルレベルでデジタル技術、AI、ハイテク分野の産業が経済をけん引するという構造に転換し始めたため、これらの先端産業分野での国際競争力の強い国の通貨が強くなるという傾向がみられます。昨今、ドル高が進んでいる理由の1つは、この点にあると考えられます。

　2022年以降にも要因が入れ替わるケースが見られました。同年2月にロシアによるウクライナ侵攻という地政学リスクが顕在化すると、安全資産とされる円が買われ、円高が急激に進行しました。その後、原油や穀物価格の高騰が本格的に始まるにしたがって、資源

為替相場をめぐる要因はチェンジし続ける（イメージ図）

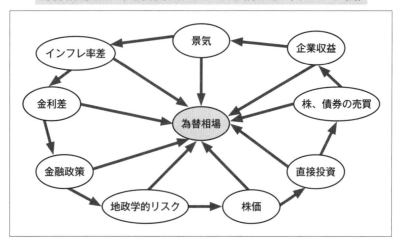

輸入国では通貨安が加速しました。

さらには輸入物価の上昇を通じて世界的にインフレが深刻化。各国の中央銀行は、金融引き締めに舵を切り始めます。特に、アメリカの中央銀行であるFRB（連邦準備制度理事会）の急速な利上げは、ドル高を後押しすることになりました。

このように、ある時期には地政学リスクが、またある時期には資源を海外に依存するかどうかが、さらには金融政策が、為替相場を動かす主要な要因として浮上してきたのです。

長期的に見ても、古くは貿易収支からの影響が強かったのですが、1980年頃から世界的な金融自由化で資本移動が自由になるに従い、株式や債券投資あるいは資本移動（企業買収・資本参加）など、マネーの移動による影響が強くなってきています。

■ 影響には短期的なものと中長期的なものがあり

為替相場には、短期的にすぐ影響を与える要因と、中長期的に徐々

に影響を与える要因があります。

まず短期的に為替相場を動かす要因としては、経済指標の発表や予期せぬ政治イベント、大口投資家による株や債券の売買動向などがあげられます。

例えば、米国の雇用統計やGDP成長率の発表は、しばしば為替レートに短期的な変動をもたらします。米国で予想を上回る良好な雇用統計が発表されると、米ドルが瞬間的に強くなるといった事例は少なくありません。

同様に、突発的な政変や軍事紛争などの予測困難な出来事、地震や台風などの自然災害も市場に不確実性をもたらし、瞬時に為替レートを変動させることがあります。

また2022年以降では米国の金融政策の方向性を巡って為替相場が短期的に動くケースが多々見られました。米国の政策金利の変動が、日米金利差の変動をもたらし、それがただちにドル円相場を動かす姿を、私たちはたびたび目にしてきました。

ただし、これらの要因は、為替市場に大きな影響をもたらしますが、その影響は比較的短期間で収束する傾向があります。

一方、中長期的な為替相場のトレンドには、経済成長率やインフレ率、貿易収支、財政政策といった経済の基礎体力が大きく影響します。例えば、経済成長が続く国には投資資金が集まり、通貨の需要が高まり、価値が上昇する傾向があります。

さらに、経済改革や技術革新による国際競争力の変化も中長期的に影響を与える要因です。

人口構造や労働力人口の動向も、長期的な通貨価値に影響を与えます。1973年に円相場が完全な変動相場制に移行して以来、長年に

わたって円高傾向で推移してきました。しかし、2010年代前半以降は円安傾向に転じてきています。これは、日本が世界でトップを切って少子高齢化社会へ移行、労働力人口が減ってきていることが影響しています。

　これらの中長期的要因は、即座に大きな為替変動をもたらすことは少ないのですが、長期的なトレンドを形成する重要な要素となります。

　重要なのは、これらの影響が複雑に絡み合い、短期的な変動と長期的なトレンドが混在することです。例えば、金融政策の変更は、短期的には金利差を通じて為替相場を動かす一方、長期的には物価や経済成長を通じて為替相場に中期的な影響を与えるのです。

■ 個別国の事情ではなく世界全体の安定度が為替を動かす

　為替相場に与える影響といえば、ともすれば、個別の国、通貨が抱えている事情が原因であるとみられがちです。しかし、世界中に高度な金融システムネットワークが張り巡らされている現在の経済社会では、一国に起きた事情はただちに各国に波及します。つまり「一国の事情」がもたらす影響は、その国の通貨にはとどまらず世界中に波及するのです。

　2008年のリーマンショックによる世界的な金融危機も、米国に端を発したものですが、その影響は瞬く間に世界中に拡散されました。ロシアのウクライナ侵攻にしても、この2国の為替相場に影響を与えただけではありません。原油や穀物などが物流不全に陥り、それが世界的なインフレを引き起こし、それにいち早く利上げで反応した米ドルが買われ、ドルの独歩高になったことなどはその一例です。

このようなグローバル経済社会では、世界全体の経済社会の安定性、あるいは不安が為替相場を大きく動かすことが多くなってきました。その代表が「**安全資産への逃避**」や「**キャリートレード**」です。つまり、世界的に不安が高まると、ドルや円などの「安全通貨」が買われる一方、ユーロや途上国通貨が売られるのです。このテーマについては第7章で詳しくお話しします。

■ 逆は多くの場合真ならず

様々な経済要因が互いに原因となり結果となるという、複雑に絡み合った経済メカニズムを読む上で、とても重要なことがあります。それは「多くの場合逆は真ならず」ということです。つまり**A→Bが成り立つ場合には、B→非Aとなる**ことが多いのです。

円安だと輸出企業の売り上げが増えます。しかし、輸出企業の輸出代金が膨れるほど、稼いだドルを円に転換する(円転)動きが活発になるため、これは円高を招きます。円安→輸出企業売上増ですが、輸出企業売上増→円高、なのです。

これは、為替相場に関する経済メカニズムだけではありません。多くの経済メカニズムにこの種の現象が観察されます。

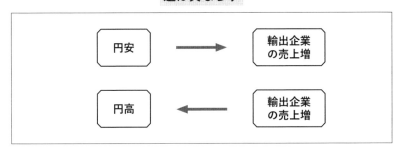

逆は真ならず

例えば、金利が下がれば人はローンを借りてでもモノを買うので、物価は上がります。しかし、物価が上がると、インフレ抑制のために中央銀行は金利を上げます。景気がよくなれば、それに応じて金利は上がります。しかし、金利の上昇は景気を後退させるとみるのが基本です。

　「逆は真ならず」は何を意味するのでしょうか？　直感的にわかるのは、このようなメカニズムが働くからこそ、経済は自律安定機能を持つということです。つまり、どこまでも一方方向で動き続け、極端なアンバランスな状態になることが避けられるのです。

　円安が進み輸出企業が米国からドルを稼ぎ続けても、そのドルが国内に持ち込む過程で円が買われるため、それが円安にブレーキを掛けます。つまり、円安が一方的に進行し続けることにはないのです。

　これも、自由主義経済が持つ「見えざる手」（アダム・スミス）に類するものといっていいかもしれません。つまり、自然に放置しておいてもいつの間にか、自動的にバランスが取れるわけですから。

高金利通貨は買いか？

　為替相場を巡るメカニズムの基本をひと通り話してきたところで、外貨保有に際して留意しておくべき大事なテーマを取り上げておくことにします。

　「金利が高い国に投資すれば儲かる」。こう短絡的に考えている人が多いと思います。しかし、こんな単純な考えは実はとても危険なことを知っておく必要があります。実際これまでにも「高金利国に投資するファンド（投資信託）を買ったのだが、思わぬ伏兵にあって散々な目にあった」という人が少なくなかったのです。なぜか。それをきちんと理解するには、3つのメカニズムを正しく理解しておくことが必要です。

　それは、①金利と為替の関係、②物価と為替の関係、③物価と金利の関係——の3つです。このうちの①と②は、第2〜3章で述べておきました。

■ 金利と物価と為替の3すくみ

　ちょっぴり復習です。
　①は「**金利が上がればその通貨は買われて高くなる**」
　②は「**物価が上がればその国の通貨は下がる**」
　さて、もう1つは③の物価が金利に及ぼす影響です。
　このメカニズムは端的に言えば「**物価が上がれば金利は上がる**」ということ。これは、2020年以降の30年ぶりといっていい世界的イン

フレで世界各国が金利を引き上げ、遅ればせながらも日本も2024年3月、7月に20年ぶりに利上げを行ったことでわかる通りです。

つまり、インフレ進行を食い止めるために金利を上げるというのは、どこの国でも金融政策の常とう手段なのです。

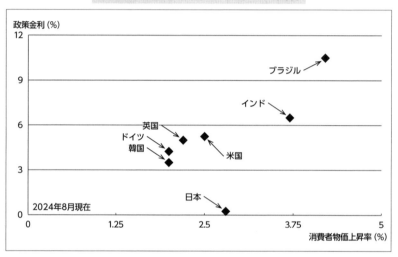

各国政策金利とインフレ率との関係

つまり、金利が高い国はインフレ率も高いのが普通なのです。これは図が示す通りです。金利とインフレ率はおおむね正の相関関係（右肩上がり）にあります。これは、ほかならず、インフレ率が上がるとそれに応じて金利も上がることを示しています。先ほど述べたようにです。

さて、以上の３つのメカニズムを組み合わせると、どんな結論が得られるでしょうか。図を見ながら順に論理を展開していきましょう。

物価・金利・為替相場の３すくみ現象

為替

為替
上昇　下落

Ⓐ
金利が高いのに
引かれて投資し
たけれど！

① 短期的影響

② 中長期的影響

Ⓑ
気が付いてみると
為替での損失が！

金利　高い　③　高い　物価

「金利が高いから投資しよう」。これが出発点です。そして都合の
いいことに、短期的には高金利通貨は買われて高くなっていること
が多いため、「為替差益も得られそう」と考えるのです（上図のⒶ）。
しかし、しばらく（多分半年～１・２年）経つと「あれ、為替相場が
ずいぶん下がっているじゃないか」と気が付くのですね。どういう
ことか。これは上図Ⓑのメカニズムです。119ページで説明した「購
買力平価の考え方」です。

　つまり、Ⓐ高金利に投資したら、短期的には為替の面でも得をし
た→しかし→Ⓑ高金利国はインフレ率も高いので、為替相場は下落
した、というわけです。

■ 高金利ブラジル投資で為替差損続々！

　実際、こんな実例は1990年代後半から2000年代にかけて多くあり
ました。この時期には、多くの証券会社がこぞって「高金利のブラ
ジル」を積極的にアピールしたため、ブラジルの高金利の債券を大
量に組み入れた投資信託が多くの個人によって買われたのです。し
かし、それから数年以上たって気が付けば、大幅な為替差損を蒙り、
基準価額（投資信託の１口当たりの時価）が下がっていることに気づ

く人が大勢出たのです。

現在でも、ブラジルの金利は世界でも最高レベルです。しかし、以上のような教訓から現在ではブラジルの債券に積極的に投資するファンドはごく少数です。

119ページでは「これ(購買力平価の考え方)は直感的にはわかりにくいかもしれませんが」と記しました。「金利が高い通貨は買われて強くなる」(短期的影響)に比べ「インフレ率の高い国の通貨は下がる」(中長期的影響)はやや理解しづらいところがありますからね。

以上は、為替相場をめぐる因果関係について、ある1つだけのメカニズムだけを妄信して投資を実行することのリスクを端的に示しています。

中長期的に下落を続ける高金利通貨ブラジルレアル相場

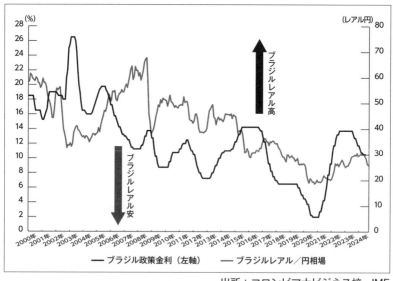

出所：コロンビア大ビジネス校、IMF

第4章 為替データの読み方（基礎編）

1 日増しに高まってきた為替相場の重要性

　第1章で述べた通り、私たちは今まで以上に為替相場からの影響をより強く受けつつあります。特にこの10〜20年は、経済規模に占める輸出入の割合が一段と高まってきたほか、日本経済は金利がゼロでかつ低成長を余儀なくされたことで、海外への投資が急増しています。

　私たちの経済社会が、為替相場からの影響を強く受けるに至ったきっかけ。それは、1980年前後に遡ることができます。
　1980年代初め、世界の経済社会は大きな変革の時期を迎えました。キーワードは「グローバル化」です。経済社会を構成する三大要素であるヒト、モノ、カネのいずれもが、国境を越えて自由に行き来できるようになったのです。
　この時期、英国(サッチャー)、米国(レーガン)、日本(中曽根)で新しい政権が誕生、各国は揃って「経済のグローバル化」を推進したのです。さまざまな規制を緩和、撤廃することでヒト、モノ、カネの流通を解き放ち始めたのです。
　何がきっかけになったのか？

　背景にあったのは、1970年代に起きた2度の「オイルショック」でした。中東、アラブ諸国と米国、欧州などの西側社会の深刻な対立に伴い、原油の供給が大幅に制限されたため、原油価格が急上昇、世界経済が大打撃を受けたのです。この危機を乗り越えるため、経済学者たちはこぞって「規制緩和」や「構造改革」を提案しました。つ

まり、各国が内向きの政策からより相互依存的な関係に移行することが、世界経済の発展につながると考えたのです。これは、それまで自国経済を保護するために設けられていた様々な規制を、緩和・撤廃することを意味していました。

■ グローバル化の進展がキーワード

グローバル化が進むにつれ、企業は海外に工場を作ったり、世界中から原材料を調達したりすることが格段に容易になったのです。また、海外への投資が自由化され、海外旅行に伴う外貨の持ち出し制限などが一気に緩和されました。とともに、インターネット技術が急速に発展、普及し始めたことが国境を越えたモノ、サービス、カネの流れを促進したのです。

国境を越えたヒト、モノ、カネの移動が活発になると、必然的に通貨を交換する機会が増えます。

メーカーが海外に工場を建てるに際しては、人件費や材料費などを日本円で計算した上でコスト比較を行わなければなりません。金融機関は、外貨建ての資産運用や海外企業への融資など為替リスクを考慮しなければ有効な業務が行えません。IT企業は、システム開発などをより人件費の安い海外企業に委託してコスト削減を図るためには、為替レートがとても重要な要因になります。

あまり知られていませんが、今や生命保険会社などは、顧客情報のデータベース作成・管理・運営は一昔前なら韓国や台湾、その後、バンガロール（インド）あるいはマニラ（フィリピン）のデータ処理センター（現地企業）に委嘱しているところが少なくありません。日本語がある程度堪能で、かつ人件費が安いことが理由です。

私事で恐縮ですが私が昔、経営していた投資信託のデータ作成・

169

販売会社がデータを納入していた世界的な金融情報ベンダーは、世界中の投資信託が保有する個別株式の銘柄の組み入れデータの入力作業をバンガロール（インド）の企業に委嘱していたものです。

　直接海外取引に関わっていなくても、原材料費や仕入れ値、受注状況など、為替の影響は様々な形であなたの仕事にも影響を与えます。もちろん経済に占める輸出入の割合が高くなれば、国内物価はより強く海外の物価からの影響を受けます。2021年から本格化した世界的なインフレが円安とあいまって、私たちの日常生活に大きなショックを与えつつあることは記憶に新しいところです。

　つまり、今や為替レートは、わたくしたちを取り巻くあらゆる経済社会環境を根底から変えていくのです。さてでは、その手掛かりになる為替レートは、どこでチェックしてそれをどのように読み、理解すればいいのでしょうか。

データの森に分け入る

　序章で取り上げた通り、為替初心者がつまづくハードルの1つが、為替レートには様々な種類があることです。株式や債券では1つの銘柄だと値段は1つに決まっています。

　「しかし、どうも為替レートはそうじゃないらしい」

　空港のブースで両替する時のレートは、朝方ニュースで知った為替レートとは違います。銀行でも個人が50万、100万円でドルに換える時と、企業が数千万円単位でドルを買う時でもレートが違うといいます。

　さらには、翌日に受け渡しを行う取引に適用されるレートと、2カ月、3カ月先付けで受け渡しすることをあらかじめ約束しておくレートもある。

　確かにその通りです。一口に円相場と言っても実に様々なのです。

■ 直物・先物、そして銀行間・対顧客レート

　第1章でも少し説明したのですが、為替レートの種類について、改めてそのアウトラインを示しておきましょう。

　為替相場はまず、**直物**（じきもの）（**翌々日に決済されるもの**）と**先物**（**それ以降に受け渡しを行うもの**）があります。また、銀行などの金融機関がインターバンク市場で互いに取引した結果ついた相場（**銀行間相場**）と、金融機関が企業や個人との間で行う時に適用される相場（**対顧客相場**）があります。これを整理すると次ページの図の通りです。つまり、大別すると4つのジャンルに分けられるのです。

　さらには、「対顧客直物相場」には、銀行の店頭などで外貨預金を

利用する時に適用される**TTB（対顧客買いレート）、TTS（対顧客売りレート）**のほか、紙幣や硬貨などの現物通貨を両替する時に適用されるレートもあります。

　それぞれのレートの読み方についてはこの後で詳しくお話しします。

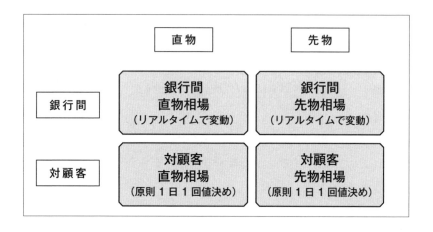

③ 東京外国為替市場の直物円相場を読む

　私たちが日々目にする円相場は、主に**東京外国為替市場**の情報を基にしています。テレビの定時ニュースの最後に「今日午後5時現在の円相場は……」というコメントに続き「1ドルは147円50銭から52銭で取引されています」と報じられるのがそれ。

　これは、東京市場で銀行同士が取引した結果ついた相場を指します。（第1章5項ならびに前項）で説明した「**インターバンク市場**」での銀行間での取引で付いた為替相場です。

　そして、この銀行間直物取引円相場が基準になって、企業や個人が銀行などとの間で外貨を売買する際のレートが決まります。

　東京市場といっても、先頃築地から豊洲に移転した東京卸売市場のような、具体的な市場(いちば)があるわけではありません。取引はすべてデジタル回線を通じて行われる、いわばバーチャルな市場です。日本時間の午前9時から午後5時頃まで、日本の銀行、機関投資家、個人などが最も活発に取引する時間に稼働している市場を便宜上、東京市場と呼びます。もちろん、海外の銀行やその在日支店のほか海外の機関投資家なども取引に参加しています。

　東京市場が、世界の主要な外国為替市場の1つとして重視される理由は多岐にわたります。
- アジア時間帯での取引の中心であり、世界の為替取引の約20％を占めていること。
- 日本経済の動向を直接反映しやすいため、円相場の動きは日本

の経済状況を把握する上で貴重な指標となる。

・アジア太平洋地域の経済活動の開始時間と重なることから、近年成長が著しいこの地域全体の経済動向が反映される。

　前日の東京外為市場での円相場は、主要メディアで詳細に報じられます。通常、寄り付きから終値までの相場推移が、その日の**4本値（寄付値、高値、安値、終値）**ならびに中心値として示されます。これらの値は、市場参加者にとって1日の取引の全体像を把握する上で不可欠な情報です。

　「**終値**」という表現には注意が必要です。午後5時時点での円相場を「東京市場の終値」と呼びますが、東京市場では午後5時で取引が終わるわけではありません。外国為替市場はほぼ24時間、世界中の金融機関や投資家が、電子ネットワークを介して途切れることなく取引を行っています。しかし、便宜上、午後5時現在での円相場を終値と呼ぶという暗黙の了解があります。

〈外為市場〉		
■円相場		
		前　日
終値	150.09—150.11	149.77—149.79
寄付	150.10—150.13	150.51—150.54
高値	149.78	149.68
安値	150.27	150.75
中心	149.98	150.34
直物売買高		40億8,100万ドル
スワップ売買高		367億2,900万ドル
■名目実効為替レート指数		
日銀		
日本円		80.93
日経インデックス		
日本円		75.6
米ドル		106.8
ユーロ		99.6

174

■ 直物とは

ここで重要なのが「直物」という概念です。直物とは、約定（契約の締結）が行われてから翌々営業日に実際に決済（通貨のやり取り）が行われる取引を指します。**スポットレート**とも呼ばれます。あとで説明する**先物相場（フォワードレート）**に対するものです（199ページ参照）。決済が翌々営業日に行われるのは、時差や各国の金融機関のシステムの違い、そして急激な為替変動などに備えるためです。

■ ドル円相場の一般的な表示法は

東京市場でのドル円相場の推移は、その日の５本値（寄付、高値、安値、終値、中心値）で示されるのが一般的です。ここでいう高安はすべて円を基準にした表現です。

・**寄付**：その日における午前９時段階での為替レート
・**終値**：午後５時現在での取引相場
・**高値**：円を基準に見た場合、その日の取引のなかでの最高値（最も円高となった値）
・**安値**：高値とは逆に、最も円安が進んだ時点の為替レート
・**中心**：その日の外国為替取引を通じて、最も取引高の多かった為替相場の水準

寄付と終値は通常、「147.36—147.38」のように一定のレンジとして示されます。ちょっとわかりにくい点かもしれませんね。これは、銀行から見た１ドルあたりの**買い希望値（ビッド）**と**売り希望値（オファー）**、いわゆる**気配値**を表しています。つまり「147円36銭だったら１ドルを買いたい、38銭だったら売りたい」という銀行の希望

（注文）を示しているのです。こんな状態だと、実際にはこの中間の価格、もしくはそのいずれかの価格（＝レート）で取引が行われたはずです。

　円相場を読み解く上で重要なのは、5本値に加えて「前日比」に注目することです。前日比は、相場の勢いや方向性を示す重要な手がかりとなります。

　「終値」のレートは、日本銀行が午後5時現在の価格をチェックした上で、6時前後にネット上で公開します。もちろん、私たちも日銀のウェブサイトで閲覧できます。

　日本銀行が毎日公表するデータ表では、ドル円のほかユーロドル、そしてユーロ円の相場についても示されています。

外 国 為 替 市 況
Foreign Exchange Rates

2024年9月5日　　（木）
September 5, 2024

日本銀行金融市場局
Financial Markets Dept.
Bank of Japan

	ドル／円 US dollar/yen	ユーロ／ドル Euro/US dollar	ユーロ／円 Euro/yen
スポット・レート Spot rate	円 Yen	ドル US dollar	円 Yen
9:00時点 At 9:00 JST	143.32-34	1.1079-81	158.79-83
17:00時点 At 17:00 JST	143.60-62	1.1086-87	159.20-24
レ ン ジ Range	143.91 | 143.05	1.1085 | 1.1076	
	＜中心相場＞ (Central rate) 143.75		

出所：日本銀行HP

対顧客為替相場の読み方

　外国為替取引は、銀行間だけで行われているわけではありません。企業や個人も日常的に関わる重要な経済活動です。

　企業が輸出で手に入れたドルを国内で使うには、円に換える必要があります。そこでドルを売って円を買います。また、子息が米国留学中なら、送金のために円をドルに換える必要があります。海外旅行時の外貨両替も同様です。このように、企業や個人が円とドルの売買を行う際に適用される相場を、**対顧客向け為替相場**と呼びます。もちろん「対顧客」とは銀行から見ての表現です。

　ここで疑問が生じるかもしれません。「銀行間相場と対顧客向け相場は何が違うのか？」。簡単に言えば、銀行間相場は「卸売価格」、対顧客向け相場は「小売価格」と考えるとわかりやすいでしょう。銀行は銀行間相場を基準に、一定の手数料を上乗せして対顧客向け相場を設定するのです。

　対顧客向け売り相場は、主要な銀行が毎日発表しています。例えば、三菱UFJ銀行は主要28通貨について毎朝10時～11時頃に発表し、その他のいくつかの通貨については他の銀行が発表したものが各種メディアに掲載されます。
　では、具体的にどのように表示されるのでしょうか？

　例えば、「米ドル　147.45」とあれば、銀行が１ドルを147円45銭で顧客に売ることを意味します。銀行にとっては**「売相場」**（TTS:

〈外為 対顧客電信売相場〉		
		前　日
米ドル	147.45	148.93
ユーロ	163.81	164.65
カナダドル	109.00	109.82
英ポンド	194.17	195.47
スイスフラン	170.76	171.52
デンマーククローネ	22.05	22.17
ノルウェークローネ	14.19	14.13
スウェーデンクローネ	14.62	14.58
豪ドル	100.49	100.85
ニュージーランドドル	91.60	91.65
香港ドル	19.24	19.41
シンガポールドル	112.78	113.35
サウジアラビアリヤル	39.90	40.30
UAE ディルハム	40.62	41.02
タイバーツ	4.35	4.37
インドルピー	1.91	1.92
パキスタンルピー	0.68	0.68
クウェートディナール	489.28	491.43
カタールリヤル	40.90	41.31
インドネシア 100 ルピア	1.07	1.07
メキシコペソ	8.84	8.94
韓国 100 ウォン	11.20	11.21
フィリピンペソ	2.74	2.74
南アフリカランド	9.76	9.78
チェココルナ	6.58	6.60
ロシアルーブル	1.88	1.90
ハンガリーフォリント	0.43	0.43
ポーランドズロチ	39.23	39.42
中国人民元	20.84	20.95
トルコリラ	6.14	6.19
台湾ドル	4.59	4.60
ブラジルレアル	28.10	27.56

Telegraphic Transfer Selling rate)ですが、顧客である私たちにとっては「買値」となります。

　ここで新たな疑問が浮かびます。「では、逆に外貨を円に換える場合はどうなのか？」

　この場合、「**買相場**」(TTB: Telegraphic Transfer Buying rate)が適用されます。多くの銀行では、米ドルの場合、売相場より２円低い（円高・ドル安の）水準に設定されています。例えば、売相場が147.45円なら、買相場は145.45円です。

178

■ TTSとTTB

この差は、銀行の為替取り扱い手数料に相当するものです。この手数料相当分（スプレッド）は、通貨によって相当異なることには注意が必要です。これは第1章のコラムで取り上げた通りです。多くの銀行では以下のようなスプレッドを設けています。

・米ドル：2円　　　・豪ドル：4円

・ユーロ：3円　　　・英ポンド：8円

「なぜ通貨によって差があるのか？」。これは各通貨の流動性や取引量、為替変動リスクなどが考慮されているためです。 流動性が高い通貨はスプレッドが狭く、低い通貨はスプレッドが広くなる傾向があります。

ここで注意すべき点があります。これらの対顧客向け相場が機械的に適用されるのは、通常、米ドル換算で10万ドル（日本円で約千数百万円程度）以下の取引に対してです。それ以上の金額になると、銀行との個別交渉でレートが決められるのが一般的です。

また、為替相場の変動が大きい日には、日中でもレートが変更されることがあります。

「でも、銀行によって顧客向け相場が違うのでは？」という疑問もあるでしょう。確かに、各銀行が個別に設定するのが建前ですが、現実には大手銀行の相場に追随する傾向があります。

ただし、近年ではネット専業銀行やFX（通貨証拠金取引）会社などが独自にレートを設定するケースも増えています。これらの業者は、大手銀行よりもスプレッドの狭いレート設定を行うことが多く、利用者にとっては有利な場合があります。

クロスレートとは

　円相場と言えば、まずドルやユーロといった、主要通貨との交換レートを思い浮かべる方が多いでしょう。しかし、国際的な取引の現場では、それ以外の通貨交換ニーズも少なくないのですね。

　例えば、ブラジルの企業が日本の企業に鉄鉱石を輸出する場合、最終的にはブラジル企業は自国通貨であるレアルが必要です。しかし、円とレアルは日常的に大量に直接取引されているわけではありません。では、「出たところ勝負！」で円とレアルの需給バランスでレートを決めるのか？　ちょっと違うのですね。

　ここで登場するのが「**クロスレート**」です。クロスレートとは、米ドルを介して、円以外の2つの通貨間の交換レートを算出する仕組みなのです。

クロスレートとは

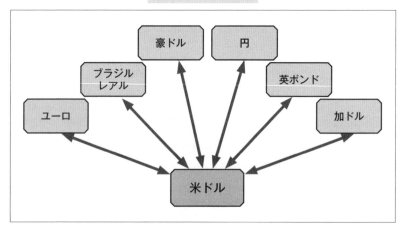

■ 米ドルを介して決まるクロスレート

米ドルは世界の基軸通貨としての地位により、国際貿易における資金決済で圧倒的なシェアを誇っています。そのため、ほぼすべての通貨と米ドルとの間には、常にリアルタイムで交換レート（為替レート）が成立されているのです。

例えば、ブラジルの企業が円をレアルに交換したい場合、原則から言うとまず円を米ドルに交換し、次にその米ドルをレアルに交換します。このように、米ドルを「クロス（横切る）」形で円とレアルの交換レートが決定されるため、「クロスレート」と呼ばれます。この仕組みは、ブラジルレアル対円には限りません。米ドルは図に示すように、様々な通貨を繋ぐ「扇の要」のような役割を担っているのです。

■ クロスレートの実例と現状

「通貨クロスレート」表では、主要通貨間の交換レートが示されています。例えば、「1ユーロ＝1.6479豪ドル」であれば、1ユーロを1.6479豪ドルに交換できることを意味します。

前述の通り、元来、米ドル以外の外貨を他の通貨に交換する場合、いったん米ドルに換えてから目的の通貨に再交換するのが一般的でした。しかし、この方法では2回の為替手数料が発生するためコストがかさんでしまいます。そこで近年では、米ドルを経由せずに直接外貨同士を交換する取引が一般的です。

わが国の企業は米国以外の多くの国と、輸出入などの国際取引を日常的に行っています。この時に用いられるのが「**クロス円**」なのです。つまり、「円豪ドル」「円ポンド」「円ブラジルレアル」等、ドル

以外の外貨と円との間の取引で用いられる相場がそれです。

クロスレート表

通貨	¥	US$	EUR	C$	£	A$
日本円	100	0.6840	0.6162	0.932	0.52445	1.01412
米ドル	145.89	1	0.89940	1.3615	0.7680	1.4819
ユーロ	162.19	1.1116	1	1.5131	0.8538	**1.6479**
カナダドル	107.1300	0.7343	0.6603	1	0.5639	1.0885
英ポンド	189.91	1.3020	1.1707	1.7724	1	1.9299
豪ドル	98.41	0.6743	0.6066	0.9179	0.5179	1

※最左列に並ぶ通貨1単位が、最上段に示す通貨単位でいくらに相当するのかを示しています。
　例えば、1米ドルは日本円で145.89円です。ただし、日本円は100円あたりを表示して
　おり、100円は0.6840ドルに相当します。

出所：三菱UFJ銀行

6 為替レートの変動率をどう表現する？

■ 1ドル＝100円→200円は「100％ドル高」＝「100％円安」？

マーケットの変動を表すには、絶対額と率の2つの方法があります。3万6,000円の日経平均株価が3万5,500円に下がった場合、「500円下がった」と同時に「1.39％下がった」と表現できます。実際に株を保有している立場から言えば「1.39％下がった」と認識するほうがよりリアリティがあるはずです。

同じように500円下がった場合でも、3万6,000円の時の「500円安」と1万8,000円の時の「500円安」とは意味（損失の程度）が異なります。

では、為替相場の変動を率で表現する時にはどう考えればいいのか。ごく単純な例で考えてみます。1ドル＝100円が1年後に1ドル＝200円になったとします。この場合の為替相場の変動率はいくらでしょう？

1ドルの価値が「100」から「200」に上がったのだから「100％のドル高」だとは容易にわかるはずです。では逆に「円はドルに対して100％下げた」と言っていいのでしょうか。実はこれは間違いです。

なぜなら、以上の「1ドル＝100円」→「1ドル＝200円」を円基準での表記法に換えてみればわかります。「1,000円＝10ドル」→「1,000円＝5ドル」となります。すなわち円はこの間ドルに対して「50％下げた」のです。ドルを主語にした時と、円を主語にした時では変化率が違うのですね。

ここでいう「100％のドル高」はIMF方式、「50％の円安」は**自国通貨建て方式**と呼ばれます。

■ 外貨投資をする者は「円高」「円安」というなかれ！

以上を踏まえて私が強調したいのは、海外株式や債券、あるいは海外資産に投資する投資信託を利用している人には日常的に、為替相場の動きを「円高」「円安」とは表現してもらいたくないのです。なぜか？　理由はとても簡単。

私たちは何かを売り買いする時には、その対象物の価値が上がったか下がったかという尺度で認識しているはずです。ソニーの株が上がった時にはソニー株高です。日常的な買い物でもそう。きゅうりが30円から50円に上がったということはきゅうり高です。

しかし、海外株式に投資している（＝ドルを持っている）のに「円高」とか「円安」とおっしゃる人が多い。これおかしいですね。自分が保有しているドルが上がったのか下がったのか、と認識すべきだとは思いませんか？

さらに、前述の１ドル＝100円から200円へとドル高・円安が進んだ時、円を主語にすると「50％の円安」となります。これではあたかも資産が1.5倍になったというイメージです。しかしこれは違います。ドルを主語にして「ドルが100％上がった」と認識すべきなのです。ドル建て資産を持っていて１ドル＝100円→200円の変動で実際に得た収益は100％なのですから。

とすれば、やはりここは「ドル安」と認識すべきだと思うのです。

ネットに見る為替関連の厳選情報サイト6つ

　マーケットは生き物です。為替市場は24時間稼働し、為替レートも時々刻々と変化しています。

　ひと昔前だと、こうしたデータは新聞でチェックする以外方法はありませんでしたが、現在ではマーケット情報を取得するのは驚くほど簡単です。ネットを利用すればいいのです。

　そこでここでは、数あるネットサイトの中から6つを厳選し紹介します。スマホで取得したデータは、パソコンやタブレットで共有すればさらに利用しやすくなります。

　いずれのサイトも為替関連データだけではなく、金利、為替、あるいは商品価格などのデータが掲載されてあります。ここではそれらも含めてご紹介します。

　もちろん為替のデータは、金利や債券利回りあるいは商品市況（インフレ率の先行指標）などから大いに影響を受け、あるいは逆にこれらに様々な影響を与えるためです。

　2種類以上のデータを同時に読むことにより、それらの関係に気づくことこそが重要なのです。

①Yahoo!ファイナンス　為替データなどマーケットデータ

　多くの人にとって一番なじみがあるのは、このYahoo!ファイナンスでしょうね。

　ここでは、トップページから「FX・為替」をクリックした時の画面を示してあります。これらのグラフのうち個別のレートを選択すると、さらに詳しいグラフが閲覧できます。

出所：Yahoo!ファイナンスHP
https://finance.yahoo.co.jp/（2024年10月現在）

②REUTERS（ロイター）最新のマーケットサイト

　マーケットのトップページから「外国為替」「株式市場」「原油・エネルギー」「商品先物」などの各マーケットデータのページに移行できます。なかでもトップページからすべてのマーケットに関するニュース記事が一覧できるのが特徴です。

　以下は「外国為替」のトップページです。

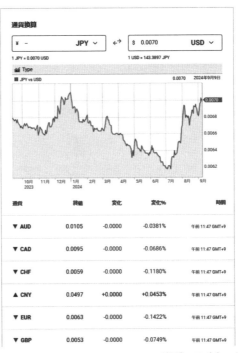

出所：ロイターHP
https://jp.reuters.com/currencies（2024年10月現在）

③Investing.comのマーケット情報

　比較的歴史は浅い経済情報ベンダーですが、カバーしている範囲が広く、きわめて使い勝手もいいのでおすすめです。以下はマーケットの総合サイトですが、このページだけでも世界中の主要なマーケットのリアル（最新）データが取得できます。以下のデータは「通貨」タブをクリックしたら現れる画面です。

　なお、このサイトはほぼリアルタイムでデータが更新されているので、まさに秒単位で取引が行われていることが実感できます。しかも、完全無料で閲覧できるというのはうれしい限りです。

出所：Investings.com HP
https://jp.investing.com/markets/ （2024年10月現在）

④スマホでみる225225.jp

　スマホを使ってリアルタイムデータをグラフで見るなら、このサイトがおすすめ。もちろん外国為替だけではなく、株式、金利（債券利回り）、商品先物などのマーケットの動きについても、時々刻々データがリニューアルされるのを見ることができます。スクロールすると、マーケットに関する記事もほぼリアルタイムで読めます。

　主にスマホ画面で閲覧することが想定されているため、パソコン上でも画面は縦長になっています。

出所：スマホでみる 225225.jp HP
https://225225.jp/
（2024年10月現在）

⑤Yahoo!ファイナンス　主要経済データのカレンダー

　多くのマーケットに影響を与える景気関連指標の最新データ、過去の時系列データもチェックしておきたいところ。世界主要国の主な経済統計データについては、リアルタイムで発表された実績値が、事前予想値とともに一覧できるページが用意されています。

　パソコンだと「Yahoo!JAPAN」→「Yahoo!ファイナンス」→「FX・為替」へ進めばOK。ちょっと下にスクロールすると「経済指標」とあり、主要なデータ項目が並んでいます。

　統計データは、事前予想値に比べ実際の発表値がどうであったかという視点で見ることがポイントです。なぜならマーケット参加者は、事前予想値との比較で実績値の意味を判断するからです。

時間・重要度・経済指標	前回（修正）	予想	結果
10/8（火）			
08：01　重要度：★★★★★ 🇬🇧　イギリス 09月　BRC 既存店売上高【前年比】	0.8%	0.8%	1.7%
08：30　重要度：★★★★★ 🇦🇺　オーストラリア 10月　Westpac 消費者信頼感指数【前年比】	-0.5%		6.2%
08：30　重要度：★★★★★ ●　日本円 08月　毎月勤労統計 - 現金給与総額【前年比】	3.6% （3.4%）	3.0%	3.0%
08：30　重要度：★★★★★ ●　日本円 08月　全世帯家計調査【前年比】	0.1%	-2.5%	-1.9%
08：50　重要度：★★★★★ ●　日本円 08月　国際収支－経常収支	31930.0 億円	30000.0 億円	38036.0 億円
08：50　重要度：★★★★★ ●　日本円 08月　国際収支－経常収支【季調済】	28029.0 億円	24250.0 億円	30165.0 億円
08：50　重要度：★★★★★ ●　日本円 08月　国際収支－貿易収支	-4827.0 億円	-5324.0 億円	-3779.0 億円

出所：Yahoo!ファイナンスHP
https://finance.yahoo.co.jp/fx （2024年10月現在）

第4章　為替データの読み方（基礎編）

⑥外務省／世界主要国の経済・マーケットの時系列データ

あまり知られていませんが、外務省のサイトでは、マクロ経済の統計データから代表的なマーケットデータまで、幅広く時系列データとして公開しています。

トップ→外交政策→経済外交中の「その他の経済外交トピックス」にある「▶主要経済指標（PDF）」からファイルを取得できます。主要国の長期金利、政策金利、株為替相場について、月次ベースでの推移がコンパクトにまとめられています。

以下は、為替相場データの表示例です。

5.1　為替相場

対米ドル為替レート（期中平均）

	日本円	英ポンド[2]	ユーロ[2]	ロシアルーブル	中国人民元	韓国ウォン	豪ドル	ブラジルレアル	印ルピー
年									
2019 年	109.03	1.28	1.12	64.74	6.91	1,164.99	1.44	3.94	70.40
2020 年	106.76	1.28	1.14	72.10	6.90	1,179.60	1.45	5.16	74.11
2021 年	109.77	1.38	1.18	73.65	6.45	1,144.54	1.33	5.40	73.93
2022 年	131.46	1.24	1.05	68.48	6.73	1,291.88	1.44	5.17	78.58
2023 年	140.49	1.24	1.08	85.16	7.08	1,306.14	1.51	4.99	82.57
月									
2023 年 9 月	147.85	1.24	1.07	96.65	7.30	1,334.24	1.56	4.94	83.07
10 月	149.59	1.22	1.06	97.01	7.31	1,351.51	1.58	5.06	83.22
11 月	149.68	1.24	1.08	90.57	7.22	1,308.15	1.54	4.90	83.27
12 月	143.98	1.26	1.09	90.76	7.14	1,304.39	1.49	4.90	83.25
2024 年 1 月	146.29	1.27	1.09	88.98	7.17	1,325.91	1.51	4.92	83.11
2 月	149.62	1.26	1.08	91.61	7.19	1,331.33	1.53	4.96	82.95
3 月	149.82	1.27	1.09	91.69	7.20	1,331.68	1.52	4.98	83.02
4 月	153.89	1.25	1.07	92.89	7.24	1,367.86	1.54	5.13	83.40
5 月	155.87	1.26	1.08	90.87	7.23	1,364.72	1.51	5.14	83.39
6 月	157.86	1.27	1.08	88.05	7.25	1,379.05	1.51	5.39	83.46
7 月	157.52	1.29	1.08	87.40	7.26	1,382.05	1.50	5.54	83.59
8 月	146.26	1.29	1.10	88.97	7.15	1,351.44	1.50	5.55	83.89
9 月	142.95	1.32	1.11	91.30	7.08	1,330.70	1.48	5.54	83.79

（備考）1. CEIC により作成。
2. 英ポンド、ユーロの表示は、それぞれ1英ポンド、1ユーロ当たりの米ドル。

出所：外務省HP
https://www.mofa.go.jp/mofaj/area/ecodata/index.html
（2024年10月現在）

●コラム●　"円安というよりドル高"ってどういうこと？

　為替のニュースなどで「『これは円安というよりドル高です』なんて解説を見かけるのですが、ドル高だったら円安に決まっているのではないのでしょうか？」、こんな疑問を抱く人は少なくないと思うのです。

　もっともな疑問です。確かに世界の基軸通貨は米ドルなので、私たちは「円相場は対ドル」と思い込んでいます。しかし、本当にそれでいいのか？

　次のようなケースを想定しましょう。図の通り、円、米ドルのほかに英ポンドや中国人民元、ユーロ、ブラジルレアル、韓国ウォンの７つの通貨を想定します。そしてそれらの通貨が、よーいドンでこのように変動したとします。世界の基軸通貨は米ドルだから、米ドルを基準に考えます。つまり米ドルを座標軸に置くということです。

　この図では、ドルに対してすべての通貨が下げています。円はドルに対してはほんの少し下げただけですが、それ以外の通貨はすべて円よりも大きく下落しています。この時、私たちは円相場をどう表現するでしょうか。そう「ドル高・円安」です。

　しかし、「円安」と言い切っていいのでしょうか？　確かに米ドルに対しては円高・円安です。しかもわずかに下がっただけです。こんな時、ニュースでは「円安ではなくドル高です」と表現されることがあるのです。

　つまり、「世界全体の通貨から見ると円もドルも高かった」「しかしドルの方がほんの少し高かった」「だから円が安かったのではなく、むしろドルが高かったというべき」ということなのです。

192

では、世界全体の通貨の動きを俯瞰する中で、円相場が上がったのか下がったのかはどう表現すればいいのでしょうか。それが実効為替相場という考え方なのです。これは次の章で取り上げることにします。

円安じゃなくドル高とは……

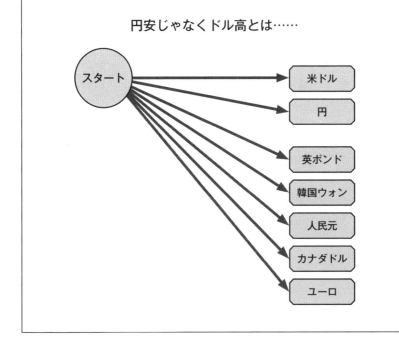

第5章 為替データの読み方（応用編）

なぜ為替先物取引は必要なのか

　順序から言うと、ここで「為替先物レート」のデータの読み方を説明するところなのですが、その前に、「そもそも為替における先物取引とは何か」「なぜ先物取引が必要なのか」を理解してもらう必要があります。

　グローバル経済が加速する現代、為替取引は企業経営の要(かなめ)です。なかでも、重要な役割を果たしているのが先物取引。ここでは、先物取引の仕組みとその重要性、そして企業がどのようにこれを活用しているかを説明します。

■まず、先物取引の基本から

　外国為替市場には、大きく分けて2つの取引形態があります。1つは「**直物取引**」で、これは契約から2営業日目に通貨の受け渡しが行われます。もう1つが「**先物取引**」。3カ月後や6カ月後といった将来の特定の時点に、あらかじめ決めておいた為替レートで通貨の受け渡しを行う取引のことです。

　ではなぜ、先物取引が必要なのか？
　その答えは、国際貿易の実態をみればわかります。海外との取引では、商品の受け渡しと代金の決済にタイムラグがあるのが一般的です。日本の輸入業者が米国から商品を購入する場合、契約締結から3カ月後に商品が到着した後で代金を支払うといったケースが

多々あります。

　ここで問題となるのが為替変動リスクです。３カ月後の為替レートは誰にも予測できません。もし円安が進行していれば、当初の想定よりも多額の円資金が必要です。こうしたリスクを回避するためのツールが、先物取引なのです。

■ 為替相場・変動リスクをヘッジ

　あなたが輸入会社の担当者だとします。「３カ月後に100万ドルの機械を輸入する」という契約を結び、その点での為替レートは１ドル＝150円とします。あなたには２つの選択肢があります。

---

①何もせずに３カ月後を迎える
②先物取引を利用する

---

　①の場合、３カ月後の為替レートが１ドル＝160円へと10円分円安になっていれば、1,000万円（10円×100万ドル）の追加負担を強いられます。

　一方、②を選択し、３カ月先物相場（例：１ドル＝149円）で100万ドルを予約購入しておけば、為替レートの変動に関わらず、１億4,900万円で100万ドルを手に入れることができます。これが「**輸入予約**」と呼ばれる手法です（ここで３カ月先物レートを149円とした理由は、次項で説明します）。

　逆に、輸出企業の場合はどうでしょう？　将来受け取る予定の外貨（輸出代金）を、為替先物取引で円に換えておくことができます。これが「**輸出予約**」。

輸出予約を行い、将来受け取る外貨をあらかじめ円に換えておく
ことで、為替相場の変動リスクを回避できます。つまり、円として
受け取れる金額をあらかじめ決めておけるのです。

　なお、以上は企業による先物取引の利用例ですが、個人が近い将
来海外旅行を計画しているなら、その時期に合わせ、あらかじめ先
物で円をドルに換えておくためにも使えます。

　先物取引の最大のメリットは、以上のように為替変動リスクをヘ
ッジできることですが、それだけではありません。将来の為替レー
トを確定できるため、より正確な財務計画を立てられるようになり、
経営の安定化にも寄与します。
　今や、貿易を行う企業にとって為替先物取引なしでは到底経営が
成り立たないといっても過言ではありません。

為替先物相場の読み方

　銀行は対顧客電信売り、買い相場（TTS、TTB）とともに、毎営業日、「**対顧客先物相場**」を開示しています。企業、個人が為替先物を利用する時の基準になるレートがこれです。

　図は「対顧客先物相場」を示したものです。

　まず「12月渡　売り　151.06　買い　148.57」とあるのは、「12月中にドルを売るのだったら1ドルにつき151円06銭です」「買い取るなら148円57銭」であることを示しています（「売り」「買い」は銀行から見ての表現であることに注意）。

　ここで容易に気づくことがあります。

　例えば、3カ月先の3月の相場は「売り　149.50」であり「買い146.95」なのですね。12月渡しのレートとは違います。

　「一体どういうこと？」

```
〈外為市場〉
■円相場
                              前　日
終値    150.09―150.11  149.77―149.79
寄付    150.10―150.13  150.51―150.54
高値    149.78         149.68
安値    150.27         150.75
中心    149.98         150.34
直物売買高              40億8,100万ドル
スワップ売買高         367億2,900万ドル
```

```
■対顧客米ドル先物相場
                売り      買い
9月渡         151.06    148.57
10月〃        150.47    147.98
11月〃        149.98    147.48
12月〃        149.50    146.95
1月〃         149.01    146.44
2月〃         148.53    145.95
■外為　対顧客電信売相場
                         前日
米ドル        151.06    151.38
ユーロ        160.23    159.59
カナダドル    108.55    108.41
英ポンド      195.43    194.97
```

■ 通貨の金利差が反映される先物相場

　為替先物相場はどのように決まるのか？　結論から言うと、これは日本と米国の金利差が反映されているのです。先物相場は直物相場を基準にして、2つの通貨の金利差が反映されているのです。つまり、直物相場に2通貨の金利差が加味された上で先物相場は決まるのです。再び「一体どういうこと？」

　円とドルについて単純な例で考えてみます。1年間だけお金を運用する時、日本の1年定期を利用するのも、米国の1年ドル預金を利用するのも自由ですね。この時、日本の1年円預金が1％、米ドル預金は5％だとしましょう。この2つのお金の運用では、利子が確約されているという意味では、どちらもほとんどリスクはありません。だとすれば、円を基準に考えた場合、最終的にはこの2つの運用による収益は同じであるのが合理的です。

　どちらか一方が格段に利回りが高いことが確約されているなんてことは、基本的にありません。多くの人が多様なニーズを抱えて参加している金融市場では、「リスクが同じならリターンもほぼ同じ」になるからです。一時的にでも一方の収益が高くなれば、それが等しくなるように取引条件が修正されるのです。これが金融市場の鉄則です。

　さて、ではこの5％と1％の金利差はどこかで調整され、最終的には円基準での収益は同じでなければなりません。実はそれが、直物相場と先物相場の差なのです。
　つまり、ドル預金で運用して1年後に円に換えた場合でも、円の

200

第5章　為替データの読み方（応用編）

1年定期で運用した場合でも、最終的には同じ元利合計になるのが合理的です。では、そのためにはドル円相場の直物と1年先物とはどんな関係であればいいのでしょうか。

為替先物相場が決まるメカニズム

　ドルで運用して高い金利（5％）を享受しても、それを円に換える時に4％分目減りし、円基準では最終的に1％分の利息しか付かないという状態が合理的なはず。そのためには、直物相場に比べ1年先物相場は4％分だけドル安・円高の水準にあればよいのです。

・円預金だと1％の利息をゲット
・ドル預金だとドルベースで5％の利息が得られるが、為替で4％分損をする（為替差損）ため、結局円基準では得られる収益は1％だけ

「対顧客米ドル先物相場」表（199ページ）でわかる通り、先物はすべて直物相場よりもドル安・円高の水準に設定されています。これはほかでもありません。この時には、米国の金利が日本の金利より高かったからです。その金利差分だけ、先物のドルが安くなっているのです。

　年率で4％の金利差があるのなら、3カ月先物は直物レートに比べて1％分（4％÷4）、6カ月先物だったら2％分（4％÷2）だけドル安・円高になるように設定されているのが合理的なわけです。

　なお、先物取引が行われる期間は通常最長1年です。例外的に1年を超える期間のものもありますが、一般には1カ月物から半年後くらいまでの相場として掲載されるのが普通です。

3 先物取引は為替リスクヘッジのためだけじゃない

先物取引を利用するメリットは、為替リスクのヘッジだけではありません。企業は将来の為替レートを固定することで、より正確な財務計画を立てることができます。これにより、経営の安定性が増し、本業により集中できるようになるのです。

輸入企業が6カ月後に支払う代金の為替レートを現時点で確定できれば、その金額を元に、より正確な原価計算が可能になります。これにより、販売価格の設定や利益の予測がより精密になり、経営判断の質が向上します。

また、為替変動リスクを軽減することで、企業は新規事業への投資や研究開発など、より長期的な視点での経営戦略を立てやすくなります。短期的な為替変動に一喜一憂することなく、本業の競争力強化に注力できるのです。

■ 機会損失には注意

ただし、一方では先物取引にもある種のリスクがあることには注意が必要です。為替レートが予想とは逆の方向に動いた場合、**機会損失（得られたであろう利益を失うこと）**が発生する可能性があるためです。

例えば、円安が進行すると予想して3カ月先の輸入予約を行った（例えば1ドル＝150円で）ものの、実際には円高（例えば1ドル＝140円）になってしまった場合。より有利なレート（1ドル＝140円）で円をドルに換えるという機会を逃してしまったことになります。日本

円を1億ドルに交換するには、1ドル＝150円より140円の方が有利ですからね。

　つまり、為替予約とはリスクを回避することができる一方で、得られたかもしれない収益を逃す可能性もある、という取引なのです。これは為替に限らず、あらゆる先物取引（株、債券商品など）について回ることです。

　なお、為替先物取引契約は、途中で解約することは難しいことにも注意が必要です。急な資金需要が発生し、予約した外貨が不要になった場合でも、契約を解約することは原則としてできません。

為替ヘッジコストにご用心

　海外に投資する投資信託の中には、為替ヘッジ付き投資信託と呼ばれるものが多くあります。これは、海外の株式や債券に投資するとともに、それに伴う為替変動リスクを回避するための手法が用いられているものです。

　もっとも代表的な方法は、為替先物取引を利用することです。3カ月、6カ月、あるいは1年先の外貨（例えばドル）を売って円に替えておくという契約が行われているのです。これによって、為替相場の変動によるリスクを避けられるのです。

　ただ、先物取引を行うには一定のコストがかかることには注意が必要です。それがいわゆる**ヘッジコスト**です。

　すでに述べたように、為替先物取引に適用される為替レートは、直物為替レートに比べ、金利が高い国のレートが安く設定されています。昨今では、円よりもドルの金利が高いため、先物為替レートは直物よりドル安に設定されているです。

　例えば、直物が1ドル＝150円であれば、6カ月先物が1ドル＝148円といったふうに設定されるわけです。これが、なぜコストとなって跳ね返ってくるのでしょうか？

　運用している（保有している）ドルを先付けであらかじめ円に替えておくわけですから、ここではドル売り円買いが行われているのです。直物だったら1ドルは150円に換えることができるのに、先物だと148円にしかなりません。つまり2円分損をするわけです。こ

れがコスト。つまり、2円分が為替ヘッジに伴うコストなのです。

　なお、多くの場合、海外投資タイプの投資信託では、株式や債券での運用の中身は同じでありながら、為替ヘッジをしたものとヘッジなしのものと、2つのファンド（コース）が用意されるケースが一般的です。

出所：三菱UFJアセットマネジメント

なぜ実効為替レートなのか？
＝米ドル偏重の見方から脱する＝

　ここまでは、おおむねドル円相場など２つの通貨の交換レートに限定して説明を続けてきました。しかし、円から見てドルは下がったのに、ユーロは上げた、なんてことは日常茶飯にあります（下図）。これを逆に言うと「円は対ドルでは上げたが、ユーロに対しては下げた」ということ。ではこの時は「円高」なのか「円安」なのか？

　第４章の最後（コラム）でこのテーマを取り上げましたが、ここでは高安がまったく逆のケースを考えてみましょう。円はユーロ、英ポンド、豪ドル、人民元などほとんどの通貨に対して下げた（円安）が、米ドルだけに対しては上がった（円高）時はどう判断すればいい

対ドルでは「円高」、それ以外の通貨では「円安」

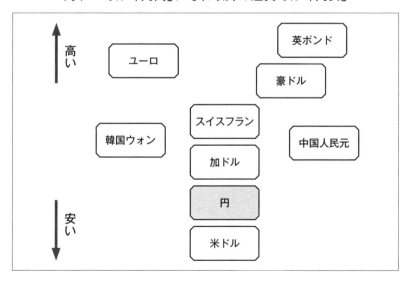

のでしょう。「世界の基軸通貨は米ドルなんだから、円高でOKじゃない」と言い切っていいのでしょうか？　これはちょっと乱暴です。

　企業の中には、米国との取引よりもオーストラリアやユーロとの輸出入額が多いという企業もあるでしょう。実際、ソニーや任天堂などは、米国との取引よりも欧州諸国との取引比率の方が高いため、ドル円相場よりもユーロ円相場の方にはるかに高い関心を持っています。あるいは、子息が英国に留学しているのなら、ドル円よりもポンド円の為替相場が気になるはずです。

　では、日本企業が海外諸国との間で行う輸出入取引（貿易）全体では、国あるいは地域別のウェイトはどうなっているのでしょう。BIS（国際決済銀行）の2020年のデータによれば図の通り、中国が30％超と圧倒的シェアを占めています。米国の16％に対し、ユーロエリアも13％と米国に匹敵するシェアを持っているのです。

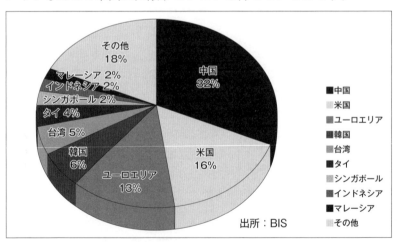

　このデータを踏まえても、「ドル円レート」だけを見て円相場の位置を判断するのはちょっと乱暴ですね。

では、現実の主要通貨の対円レートの推移はどうだったのか。円から見て、主要通貨がどう動いてきたか。一目瞭然、二目でガッテン。てんでバラバラですね。

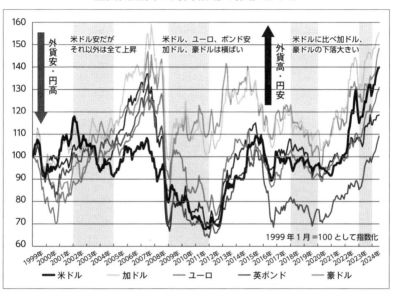

主要国通貨の対円相場の推移をみる

さて、そこで誰もが思いつくのが、円の立ち位置をより総合的に見る指標はないか、ということです。世界中の通貨の中での円の動きを、相対的にかつ俯瞰的に見る指標はないか、というわけです。実はすでにそれが用意されているのです。**実効為替レート**という一種の合成指数がそれです。

これが円の強さ、弱さを総合的に示す指標として広範囲で使われているのですが、次項からはその考え方の基本を説明したあと、具体的なデータのチェック方法を説明することにしましょう。

実効為替相場とは?

ではまず、どのようにして実効為替相場を算出するのでしょう？一言でいうと、**複数の国との為替変動を貿易相手国、地域**との**貿易金額で加重平均**するのです。

思い切って単純な例で考えます。

日本にとって米国との貿易金額が全体の70％で、ユーロとのそれが30％だとしましょう（つまり貿易相手国は米国とユーロのみ）。そして、過去1年間に円が米ドルに対し10％下がり、対ユーロで5％上がったとします。

この時、総合的にみれば円相場はどう動いたとみればいいのでしょうか。「マイナス10％」と「プラス5％」だから、これを平均して「マイナス5％」はまずいですね。米欧との間で貿易を行っているわが国の企業全体にとっては、「円の対ユーロ相場」よりも、「円の対米ドル相場」から受ける影響のほうがはるかに大きいからです。

この場合どうすればいいのでしょう？そう、加重平均すればいいのです。貿易額で加重したうえで総合的な変化率を計算するのです。

$$\{(-10\% \times 70) + (+5\% \times 30)\} \div 100 = -5.5\%$$

つまり「円は平均的には5.5％安くなった」のです。これが実効為替レートの考え方の基本です。日本で輸出入取引を行う企業を全体としてみれば、輸出するうえで5.5％分のメリットが得られたとみなせるのです。もちろん輸入する企業にとっては5.5％分のデメリットです。

7 実効為替レートを読む

では私たちはどこで、実効為替レートを入手できるでしょうか。日経新聞では下記のようなデータが公表されています。

```
〈外為市場〉
■円相場
                                    前　日
終値          150.09—150.11    149.77—149.79
寄付          150.10—150.13    150.51—150.54
高値          149.78           149.68
安値          150.27           150.75
中心          149.98           150.34
直物売買高                      40 億 8,100 万ドル
スワップ売買高                 367 億 2,900 万ドル
■名目実効為替レート指数
日銀
  日本円                       80.93
日経インデックス
  日本円                       75.6
  米ドル                       106.8
  ユーロ                       99.6
```

■ 日銀

日本銀行が独自で算出している名目実効為替レート指数があります。

円相場の水準を対ドルだけで読むのではなく、ユーロ、英ポンド、豪ドル、カナダドル、中国人民元、韓国ウォン等世界の主要通貨に対して、総合的にどの程度下がったのか上がったのかを一元的に判断するための指標として作成されています。

世界的に最もよく利用されているのはBIS（国際決済銀行）が計算、公表している実効為替レートですが、日本銀行のデータも、

BIS方式にならって算出されています。

日本の対外輸出ウェイト（2020年基準）

国・地域名	輸出ウェイト	国・地域名	輸出ウェイト
中国	31.90%	タイ	3.68%
アメリカ	16.02%	シンガポール	2.52%
ユーロエリア	12.98%	インドネシア	2.14%
韓国	5.96%	マレーシア	2.06%
台湾	4.63%	その他	18.11%

出所：BIS

■ 日経インデックス（日本円／米ドル／ユーロ）

日経新聞が独自に、主要25通貨につき算出した実効為替レート指数です。

前出の日銀の指数は円だけであるのに対し、25通貨について算出されています。日経新聞紙面上では円のほか米ドル、ユーロの3通貨が表示されています。

3通貨以外の通貨のインデックスについては、『日経ヴェリタス』（金融専門紙、週刊、日曜日発行）の紙面で公開されています。

なお、以上いずれの実効為替レートについても言えることですが、一般のドル円相場などの読み方とはちょっと異なることに注意が必要です。

1つ目は、ドル円相場では1ドル＝〇〇円で示されるため、この数値が大きいほど「円安」であることを示しますが、実効為替レート指数は逆。**指数値が大きいほど「円高（通貨高）」であることには注意**

212

が必要です。

　２つ目には、「実効為替レート指数」あるいは「インデックス」と表現されているように、ある一定の基準時点を100とした指数として表現されていることです。日経インデックスのうち円が「76.0」とあるのは「2020年を100とした時、76.0の水準にある」、つまりそれ以来24％も下落した（円安）ことを示しています。

　なお、日銀の実効レート指数は「名目」と記されていますが、これは各通貨の物価は考慮していないということです。日経通貨インデックスも同じく名目実効レートです。
　貿易活動を行う企業などにとっては、この名目実効為替レート以上に重要なデータがあるのですが、それは次の項で改めて説明します。

●コラム●　為替相場と為替レート

　本書では随所に「為替相場」と「為替レート」という用語が登場します。しかし、ここではほとんど同じ言葉として使っています。相場というのは株式や債券、あるいは金などの商品が市場で取引される際のその時々の値段のことです。

　一方、レートというのは「交換比率」を指す用語です。為替市場での取引で決まる各国通貨の値段とは、異なる通貨の交換比率のことなので、為替に関しては「レート」という言葉を用いることもあるのです。その違いにはあまり神経質になることはありません。

　なお、実効レートでは「レート指数」とか「インデックス」といった言葉も用いられますが、これはある時点での相場（レート）を基準(100)にした指数として表現されているという意味です。実効為替相場は指数として表現されるのが一般的です。

8 物価を考慮した実質実効為替レート

　そもそも為替相場の変動が問題になるのはなぜでしょう？　もちろん、それによって、私たちの経済上の損得に大きな影響を与えるからです。輸入にかかわる商品、サービスの価格が変わり、海外向けの輸出採算が変わってくるからです。つまり、為替相場の変動は私たちの経済生活を根底から覆すだけの力を持つのです。

　さて本書のここまでの記述では、以上のような輸出入などに係わる損得を左右する要因として、ドル円レートなどの名目上の為替相場だけしか取り上げていません。1ドル＝120円が150円になれば国内のガソリン価格が上がり、でも一方ではトヨタ自動車の輸出代金は自動的に膨れ上がる、というようにです。

　しかし、現実の世界では輸出に伴う損得を決めるのは、名目上の為替レートだけではありません。物価の動きもきわめて大きな影響力を持つのです。例えば、為替相場が円高・ドル安に動いても、その間に日本と米国の物価の動きいかんでは、輸入品価格が上がることもあれば、トヨタ自動車の売上げが減ることもあるのです。一体どういうことか？　順を追って説明していきましょう。

■ 物価が変動しなければ円安⇒輸入商品高だけれど

　1ドル＝100円の時に、米国カリフォルニア産のオレンジ1個を1ドルで買うのだったら100円でOKです。でも、1ドル＝110円になると110円払わなければこれが手に入らない。円安になると輸入

品の価格が上がるのですね。ここでは、オレンジ1個が1ドルで変わらないことが前提になっています。しかし、現実には値段は動きます。

「物価という要素を考慮に入れることは必要ではないのか？」

例えば、これから1年後に米国の物価すべてが2割下がったとします。オレンジも0.8ドルになった。この時、ドル円相場が1ドル＝110円と円安になっても、このオレンジ1個は88円（0.8ドル×110円）で買えます。

つまり、円安になったのだけれど輸入オレンジは安く買えるのですね。

現在（1ドル＝100円）
米国カリフォルニア産オレンジの価格：1ドル 円での価格：100円
1年後（1ドル＝110円）
⒜物価変動なし 　ドル円相場：1ドル＝110円 　オレンジの価格（ドル）：1ドル 　円での価格：110円
⒝米国の物価が2割下落 　ドル円相場：1ドル＝110円 　オレンジの価格（ドル）：0.8ドル（2割下落） 　円での価格：88円（0.8×110）

トヨタが乗用車を輸出する時もそう。1ドル＝100円の時に1万ドルで売れば100万円が手に入る。今度は逆に、円高・ドル安が進んで1年後に1ドル＝90円になっていたとします。この時、乗用車を同じ1万ドルで売れば、90万円しか手に入らない。円高で受取金額が減るのですね。

216

しかし、1年後に米国のすべての物価が2割上がっていればどうでしょう。同じ乗用車は、1万ドルではなく1.2万ドルで売れます。米国側から見ても、実質的には値上げされたという意識はとりあえずありません。

ということは、1台当たりの売り上げ（輸出代金）は108万円です（1.2万ドル×90円）。円高になったのだけれど、売り上げは増えています。

■ 実質実効為替レートの作り方

以上はあまりにも単純かつ極端な例ですが、**輸出入に伴う損益は、為替相場だけで決まるのではなく、物価にも左右される**のです。日本の物価が変わらないとした場合、輸入相手国（米国）の物価が下がれば、その分だけ安くオレンジが手に入ります。輸出相手国（米国）の物価が上がれば、その分だけ売り上げ（輸出金額）は増えます。

言い換えると、相手国の物価が下がることは円高になったと同じ効果（安く輸入できる）を持ち、相手国の物価が上がることは円安になったと同じ効果（高く売れる）があるのです。これは、自国（日本）の物価が変わらないとした場合ですが、このメカニズムをより一般的に表現すると、次のようになります。

> 自国のインフレ率＞相手国のインフレ率：自国通貨高（円高）効果
> 自国のインフレ率＜相手国のインフレ率：自国通貨安（円安）効果

つまり、輸出入に伴う採算を現実に即して考えるには、名目上の為替レートだけを問題にするのではなく、2国間の物価（インフレ率）の差を加味したほうが現実的だと考えられるのです。

それなら、インフレ率を加味すればより"実質的"な為替レートが作れるじゃないか、となります。そう、これが**実質実効為替レート**なのです。前項までで説明してきた実効為替レートは、物価の差を考慮していないので"**名目実効為替レート**"と呼びます。

　ここまでわかれば、実質実効為替レートを算出するのは簡単です。前項で説明した「名目実効為替レート」に「双方の国のインフレ率の差」を加味すればよいのです。
　相手国のインフレ率の方が低ければ、その差分だけ「円高」方向にレートをずらし、逆の場合には「円安」方向にデータを補正すればいいのです。これで実質実効為替レートの完成！というわけです。

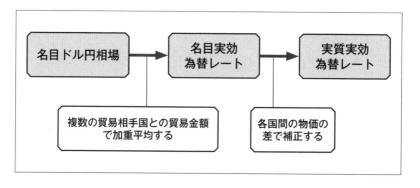

　日本の輸出入業者全体にとってのより実際的な損得を読むには、ドル円相場ではなくむしろ名目実効為替レートを、さらには実質実効為替レートの方がより重要な指標なのですね。

実質実効為替レートでみた円の実力は 50年前に逆戻り

　さて、ここまでくれば多くの人の関心は「じゃあ、私たちが普段見聞きしているドル円相場と実質実効為替レートとはどれくらい違うの？」という点に移ってくるはずです。「それほど違わないのだったら、実質実効為替レートを見なくてもいいじゃないか」となります。

　次ページの図はそれを示しています。この2つの為替レートはまったく違った動きを示していることが一目瞭然です。何より驚かされることは2024年に至り、前項で話した円の実質的な購買力を表す実質実効レートが、なんと50年前の水準を割り込んできているのです。

　すでに説明した通り、この実質実効レートは私たちが普段使っているドル円レートより実質的な円の購買力（実力）を示しています。つまり、海外からモノを買ったり、あるいは海外旅行に行った時の円の使い勝手をより正しく示しているのです。それがなんと、50年前の1ドル＝360円という固定相場時代の水準を割り込んできているのです。

　50年前の1ドル＝360円の時代といえば、海外旅行などは高値の花で、庶民は簡単に手を出せるものではありませんでした。その時代よりも現在の方が、実質的には円の使い勝手が悪くなっているのです。

　「そう言えば」とうなずかれる方も多いはずです。1ドル＝150円で1,500円を10ドルに両替してロサンゼルスに行っても、それでは1杯の

ラーメンにさえありつけない。少なくとも20ドルは必要です。ということは、日本では1,500円で手に入るラーメンが、ロサンゼルスでは3,000円出さなければ手に入らないということです。これが、円の使い勝手をより正しく示しているのです。

　くどいようですが、このように見ると私たちが普段見ている名目上のドル円レートだけで「円高だから海外での円の使い勝手がよくなった」とか「円安になったって言っても、まあ20％くらいならしょうがないや」なんて言ってられないのですね。

■ これだけ違う名目円相場と実質実効円相場

　50年前までさかのぼらなくても明らかです。グラフでわかる通り、20数年前の2000年に比べ、ドル円相場は110円から150円くらいへ円安が進んだ程度です（細い実線・左軸）。しかし、実質実効円レート

出所：日本銀行

指数だと140ポイントから70ポイントへと、円の実質的な価値はほぼ半分になったのです（（太い線・右軸）実質実効円レート指数は数値が低い方が円安）。つまり過去20数年だけを見ても、円の実質的な実力は、私たちが普段見ているドル円相場の動きよりはるかに下がってきていたのです。

　つまりこの間は、名目上のドル円相場が下がってきたのに加えて、日本の物価に比べ、海外諸国の物価上昇率がとても高かったことを意味しているのです（海外のインフレは事実上の円安）。

　私たちが現実の生活が為替相場から受ける影響については、ドル円相場だけではなく、円の総合的な水準を示す実質実効レートを観察することがいかに重要であるかがわかります。

　短期的な円相場については、名目上のドル円相場を見ていれば当面差し支えありません。実質実効円レートは、短期間で名目ドル円相場の動きから大きく乖離するものではないからです。

　しかし、少なくとも数カ月〜1年単位で日本円の本当の実力を読むためには、この実質実効円レートの動きはぜひチェックしておく必要があります。

◇　　　　　　　　　　◇　　　　　　　　　　◇

　なお、説明が前後しましたが、グラフで採用した、実質実効為替レートは日本銀行のデータによっています。

　日本銀行は名目実効為替レートを毎日計算、発表しているものが新聞紙上で掲載されることはすでに説明しましたが、月次ではこれに加え、実質実効為替レートも算出、時系列データをネットサイト上で公開しています。

　為替相場の変動が、日本の輸出入動向や国内物価の動向など、日本経済に与える様々な影響を分析的に見るにはとても使い勝手がい

いデータなので、ぜひ利用されることをおすすめします。

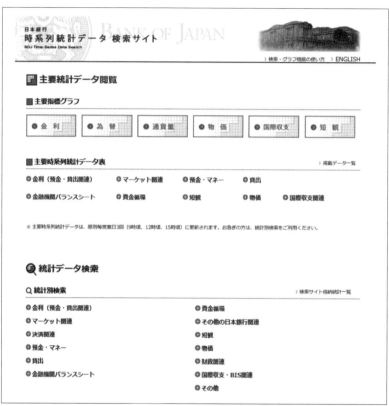

出所：日本銀行統計データ検索サイト

　下記QRコードから■主要時系列データ表→●マーケット関連→実効為替レート［月次］へ進むと、1980年以来の月次ベースの「名目実効為替レート」と「実質実効為替レート」データを取得、ダウンロードできます。

第5章　為替データの読み方（応用編）

●コラム●　国際貿易での決済通貨の多くは米ドルだから
ドル円レートだけを見ていればよい？

　世界の貿易で使われている通貨は、その5割近くが米ドルなのだから、結局はドルと円の関係だけがわかればそれでいいのではないか？　こんな疑問を持つ人がおられると思います。

　確かに世界中で行われている貿易取引で米ドルが用いられているシェアは約45%（国際決済銀行（BIS）、2023年）。

　しかし、だからと言って、米ドル円相場だけを見ていればいいわけではありません。なぜか？

　例えば、タイの通貨バーツが下落したものの、ドル円相場は一切変化しなかったとします。この時、日本から1台1万ドルの乗用車をタイに輸出する場合、タイの業者からは値引きを要求されるに決まっています。タイバーツが急落したため、乗用車の価格が1万ドルで変わらなくても、彼らにとってはタイバーツベースでの輸入価格（コスト）がドーンと上がるわけですから。

　そこで8,000ドルになったとします。この時、ドル円相場が変わらなくても、日本の輸出業者の手取り（円）は減るに決まっています。

　つまり、為替相場が日本企業の貿易活動に与える影響を知るには、ドル円相場だけを見ていればOKというわけにはいかないことがわかります。

　だからこそ、「複数の通貨に対して円がどう動いたかを総合的に示す実効為替相場が重要な尺度になる」のです。

第6章 外貨投資で資産を守る、育てる

外貨保有の目的は保険と投資の2階建て

　第1章の冒頭でも述べたことですが、日本人は外貨保有は投資であり、リスクが高いと捉える傾向があります。一方、海外の多くの人々は、外貨を持つことは保険の一種であるという思いがベースにあります。現在の円安傾向を踏まえると、私たちも外貨保有が円安やインフレからのダメージを和らげる手段であることを、再認識すべき時期にきています。

　外貨保有は、まずはリスクに備える保険として位置づければいいと思います。その上で、余裕がある場合には積極的な投資として捉えるという、二段階のアプローチをおすすめします。しかし、外貨保有を保険と見なすことに、違和感を覚える方も少なくないでしょう。そこで、外貨保有と保険の類似性について、改めて考えてみます。

■ 外貨保有と保険商品の類似性

　1ドル150円の時に150万円を1万ドルに換えたとします。その後、1ドル120円になれば、資産価値は120万円となり、30万円目減りします。これは確かにリスクです。しかし、保険も同じような性質を持っています。
　あらゆる保険の基礎になっているのは、掛け捨て保険です。つまり、一定契約期間内に死亡、疾病、傷害などの保険事故が起こらなければ、掛け捨てになり、今までかけたお金がゼロになります。保険というのは、この程度には損失リスクを抱えているものです。

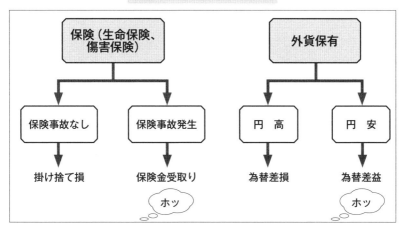

　ところが私たちは、保険をリスク商品とはイメージしにくい。いざとなった時に助けてくれるものだ、という印象が強いと思うのですね。外貨を保有することも同じことです。円安でインフレになり、生活が苦しくなった時に、多少なりともそれを補塡してくれる役目を外貨は持っています。これは保険機能そのものです。

　このように見れば、**外貨保有も保険も「損失補塡＝保険機能」とともに「金銭を失う＝リスク」という両面**を持っています。
　ところが、多くの人は外貨については損するかもしれないというリスクを強く意識し、保険については、いざとなった時に助けてくれるという損失補塡機能のイメージを強く持っているのです。
　外貨投資に伴う損得は短期で変動するのに対し、保険はより長い

期間を経なければそれが判明しないという違いが、原因の1つなのでしょうか？

いずれにせよ、「外貨保有はリスキー」であり、「保険はいざとなった時の助け舟」とイメージしているとするなら、これは明らかにアンバランスです。

■ 保険好きな日本人なのに

ちなみに日本は、世界でも保険好きな国民だというのが定評です。生命保険の加入率を世帯単位でみても、日本は約90％であるのに対し、米国は60％程度、ドイツ、フランス、英国では40％くらいだといいます。

"生き死に"に対する準備への対応は怠らないのに、円安が生活に与えるダメージへの対応がおろそかなのは「家計のリスク管理」という視点から見ると、明らかにアンバランスです。

さて、このような観点から見た場合、外貨保有、あるいは外貨投資に際しては、どんな点を基本的に踏まえておけばいいのでしょうか？

本章ではこんなテーマを取り上げることにします。

6-2 低所得者家計へのダメージが大きい円安

　1960〜70年代の高度成長期以来、長年にわたって続いてきた円高は、2010年代初めに転換期を迎え、その後は円安傾向が続いています。これが家計に与える影響を考えるに際して、もっとも重要な視点の1つが、円安は低所得者層により大きなダメージを与えることです。言うまでもなく円安によるインフレです。

　さて、ではなぜ円安は低所得者層に対して与えるダメージが大きいのでしょうか？

　まずは、日本は資源に乏しい島国であることです。エネルギー源や食糧の多くを、海外からの輸入に依存しています。そしてこれら

ドル円相場の長期推移を振り返る

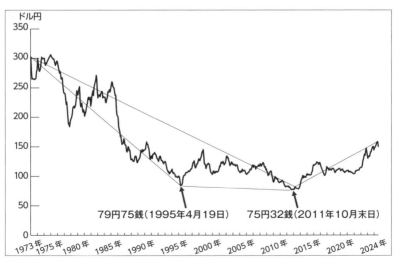

の資源は、私たちの生活を支える最も基礎的なインフラ（必需品）です。

特に原油や天然ガスなどの化石燃料、小麦やトウモロコシなどの穀物類、さらには飼料用の大豆など、生活に直結する多くの必需品を輸入に頼っています。円安が進行すると、これらの輸入品の価格が上がり、それが消費者物価に反映されます。

■ 生活必需品の多くが輸入に依存

特に低所得者にとって、この物価上昇の影響は深刻です。収入の大部分は、食費や光熱費などの生活必需品に充てられているため、その価格上昇はただちに生活水準を下げます。パンや麺類の原料となる小麦の価格上昇は、主食の値上げに直結します。ガソリンや電気代の上昇は着実に生活コストを押し上げます。

さらに、円安によるインフレは国内の物価全般に波及します。輸入原材料の価格上昇で、国産品の製造コストはアップ、物流・販売コストを引き上げます。

このため、輸入品だけでなく国内で生産される商品・サービスの価格も上昇、低所得者層の購買力をさらに低下させます。また、円安インフレは年金収入を目減りさせるため、高齢者へのダメージも大きいことにも留意が必要です。

一方、高所得者の円安による影響は相対的に軽いといっていいでしょう。収入に占める生活必需品の支出割合が低いからです。また、株式保有者が多いため、円安による輸出企業の株価上昇の恩恵を受けやすい。つまり、資産運用を通じて円安のメリットを享受できる立場にあるのです。

円安は、低所得者層と高所得者層の格差を拡大すると考えられます。

　円安によるダメージを多少なりとも緩和するためには、前項で述べた「外貨保有がもつ保険機能」という視点はとても重要だと思うのです。

外債ファンドのリスクが相対的に低い理由

　外貨保有に際して「円安によるインフレの痛みをある程度軽くしたい」「米国の高金利の恩恵も得たい」。このようなニーズを持つ人は少なくないはずです。
　ここで多くの人がイメージするのは「米国など海外の高利回り債券で運用する投資信託」でしょう。いわゆる「外債ファンド」です。「新型NISAで非課税枠も大いに使えるしな」と考える人も多いでしょう。

■ 収益の源泉は為替相場と金利

　ではこの外債ファンドは、以上の2つのニーズをどの程度満たしてくれるでしょうか？
　米国債に投資するファンドを念頭に置いた時、ここで最初に検討すべきことは、

①米国債ファンドから得られる収益の源泉は何か
②それらの源泉(要因)の間にはどんな関係が働いているか

　の2つです。
　①は簡単。「ドル円相場」と「米国の金利」です。
　であれば、次に検討すべきことは②の**ドル円相場と米金利はどんな関係にあるのか**、です。

　なぜ②が重要なのか。それは言うまでもありません。その2つの要素(ドル円相場・米金利)が、「同じ方向で動く」関係にあるのか、「どっちかがこけたら他方は立ち直るので、全体としてはまあまあ

第6章 外貨投資で資産を守る、育てる

安心なのか」ということがとても大事だからです。このテーマは、金融資産に投資する時のリスク管理の第一歩です。

つまり、損益を左右する要因が2つ以上ある時、それらの要因の

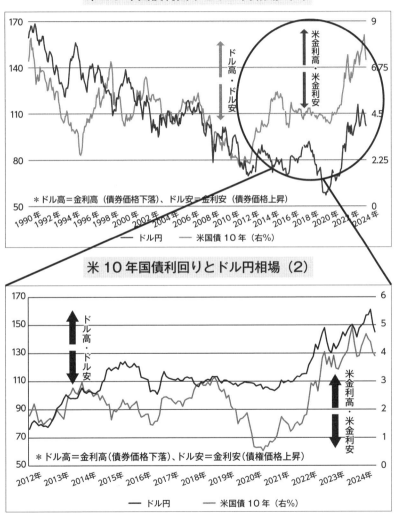

間にどんな関係が働くのか、という点がとても大事なテーマなのです。

　さて、それを知るにはどうすればいいのでしょう？　こんな時には、理屈はともかく、まずこの2つの時系列データを観察することです。ここまでくれば「あ、これは第2章の3項（113ページ）で取り上げられたテーマだな」とお気づきの方もあると思います。繰り返しになりますが、グラフを見ておきましょう。

　前ページのいずれのグラフを見ても、米金利とドル円相場が同じ方向で動きがちであるのがわかります。これは、米国債券の利回りが上がると、その金利の高さに惹かれてお金が米国に向かうため、米ドルが買われるからです。

■ 損益を打消し合う為替と金利

　さて、この事実は何を意味しているのでしょう？そう、米金利（債券利回り）とドル円相場が同じ方向で動くということは、米国債券価格とドル円相場が逆に動くことを意味しているのです。

　債券利回りが上がると債券の価格が下がるのは、賃貸用アパートをイメージすると簡単です。賃貸料が変わらない限り、このアパートの投資利回りが上がるということは、その物件の価格が下がるということです。
　債券でいうと、毎年定期的に得られる利子が変わらないのだから、利回りが上がったということはこの債券の価格が下がったことを意味しています。

第6章　外貨投資で資産を守る、育てる

　つまり、「米国債ファンド」に組み入れられた米国債の値段が上がるとドル相場が下がり、米国債が上がるとドル相場が下がるという関係にあるのですね。これは先の①で示した2つの損益の要素（源泉）が、互いに逆に動くことを意味しています。つまり、プラスとマイナスが互いに相殺されるのですね。

　これをどう評価すべきか？　これは簡単です。最終的な損益（外債ファンドの基準価額＝株価のようなもの）は相対的に安定した動きを示すのです。

　これを明確に意識した上で、外債ファンドに投資している人は多くないと思いますが、実はこの点が長期にわたって外債ファンドの人気が続いている原因の1つだと考えられます。

235

日米株が為替相場から受ける影響は逆だった

　為替相場が輸出入企業に与える影響は、すでに第3章で述べた通りですが、このテーマに絡んでぜひ取り上げておきたいトピックがあります。それは、日米の株価が為替相場から受ける影響はまったく異なるということです。

　私たちは「基本的に、円高は日本株価にはマイナス」と思い込んでいます。これは容易に「米国株もドル高だと大変だろうな。GMやフォード、建機大手のキャタピラーなどの輸出企業は特にね」との連想につながります。果たしてそうでしょうか。

■ 貿易における通貨建てが日米では異なる！

　右ページの図で示す通り、確かに日本株は円高には弱いという傾向は認めざるを得ません。円高の時期には、だいたい日本株は下がっています。つまり、円高は国内企業の輸出競争力を削ぐために収益を減らし、株価全体も下がります。特に、日経平均株価は輸出比率の高いメーカーの比率が高いため、その傾向が強いのです。

　一方、米国では事情がまったく異なります。日本とは逆なのです。株価とドル相場の強弱感は、ほとんど同じように動いています。これはいったい何を意味しているのでしょうか。

　それを理解するには「自国通貨高は輸出競争力を削ぎ、株価も下がる」という日本流の株価の読み方は、どんな理屈に基づいていたのかを振り返る必要があります。

　円高が日本の輸出企業の収益を減らす、という理屈は主に、輸出

第6章　外貨投資で資産を守る、育てる

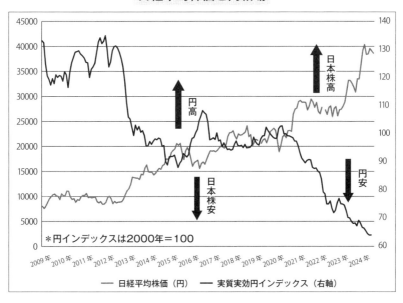

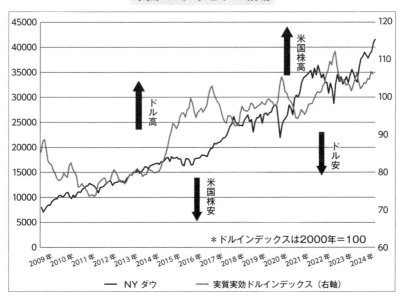

の多くがドル建てであることを前提にしていました。

1万ドルの車を輸出する時、1ドル＝150円なら売り上げは150万円。1ドル＝120円になれば売上は120万円。だから自動的に売り上げは減る、というわけです。

この説明では、車の輸出価格はドル建てが前提なのですね。円建てであればどうでしょうか？　ドル円相場が変わろうと、120万円という輸出価格を変えない限り、日本メーカーの売り上げは変わりません。つまり、メーカーの売り上げ・収益は直接には為替相場の影響を受けないのです（ここでは価格は変わらないことを前提にしています）。

ここまでくれば、日米株価が為替相場から受ける影響が異なる理由に気付いた人も多いと思います。貿易における通貨建てが、日本と米国とでまるで違うのです。

わが国の輸出に占める円建て比率は4割弱。これに対して米国の輸出は、その9割が自国通貨のドル建てです。何しろ米ドルといえば世界の基軸通貨。貿易で圧倒的なシェアを誇る通貨です。このため、米国の場合には為替相場が変動しても、輸出企業の業績に対して与える影響はとても軽微なのです。

■ 日本は長年、輸出＞輸入だったが、米国は輸出＜輸入

もう1つは、日本と米国とでは輸出入の割合が完全に逆であることです。最近でこそ、日本は貿易赤字になることが多くなってきましたが、長年にわたり輸出＞輸入でした。だから、円高が輸出企業に与えるマイナスと輸入企業にもたらすプラスを比べると、前者のマイナスが上回っていたのです。

第 6 章　外貨投資で資産を守る、育てる

　つまり、日本の企業は全体として自動車、鉄鋼、機械、電子部品など輸出企業の業績に大きく依存するという前提がありました。だから、円高になると日本株全体が下がることが多かったというわけです。

　ところが米国は逆です。世界最大の貿易赤字国なのです。毎年、ほぼコンスタントに7,000 ～ 8,000億ドルの赤字を計上しています。つまり輸出＜輸入という状態を続けてきたのです。ということは、米ドル高によって米国の輸出企業が被るマイナスよりもむしろ、輸入企業が受け取るプラスの方が大きいことが多かったのです。

　日米の株が、為替相場から受ける影響がまったく異なる原因は、主に以上の２つによるものだと考えられます。

　ただし、最近では日本も貿易赤字に転じつつあるため、円高→株安、円安→株高の関係は、従来ほどには明瞭ではなくなってきていることは第３章の５項で説明した通りです。

第6章
外貨投資で資産を守る、育てる

239

企業業績に直結する想定為替レートと為替感応度

為替相場が個別企業に与える影響を読む上で、最も重要なポイントが「**想定為替レート**」と「**為替感応度**」です。つまり、個別企業の株価を判断する際には、この2つの要因がきわめて重要な役割を果たすのです。

■ 想定為替レート

想定為替レートとは、企業が事業計画を策定する際に前提とする為替レートのことです。多少なりとも貿易活動に関わる企業は、為替レートを想定しなければ決算予想を立てることができません。

企業は、その想定為替レートに基づいて予想収益を内外に公表し、投資家はそれを材料に当該企業の株の売買を行います。想定為替レートは、個別企業が公開する事業報告書や決算短信などで知ることができますが、日本銀行が四半期ごとに全国の主要企業からのアンケート調査をもとに集計する日銀短観の中では、日本の製造業全体が想定する為替想定レートの平均値などがわかります。

（参考）事業計画の前提となっている想定為替レート（全産業）

		2023 年度	2024 年度
米ドル円 （円/ドル）	2024 年 6 月調査	141.57	143.45
	2024 年 9 月調査	—	145.56
ユーロ円 （円/ユーロ）	2024 年 6 月調査	152.68	154.61
	2024 年 9 月調査	—	157.37

出所：日銀短観より（2024年9月調査）

想定為替レートは、実際の為替相場の変動に応じて随時見直されます。例えば、実際の円相場がこの想定レートを超えて円安になると、より現実に近い為替相場（円安方向）に修正されるのが一般的で

す。この場合、輸出企業だと同時に収益を上方修正します。

あるいは想定為替レートを変更しなくても、投資家は「現実の為替相場が想定為替レートより円安なので、収益は見通しに比べ増えるだろう」と判断するわけです。このように、想定為替レートと実際の為替レートの差は、企業収益にとても大きな影響を与えることには留意が必要です。

■ 為替感応度

一方、為替相場の変動が個別企業の収益に与える影響度は、企業ごとに大きく異なります。これが**為替感応度**です。一般に１ドル（または１ユーロなど）あたり１円の為替変動が、企業の利益をどれくらい変化させるかで表されます。

例えば、「トヨタ自動車のドル円の為替感応度は１円あたり500億円」といったようにです。これにより、企業が為替相場の変動にどれほど影響されるかを把握できます。さまざまなメディアでは、想定為替レートと為替感応度を組み合わせて報じることが一般的です。

企業名	業種	対ドル想定レート	対ユーロ想定レート	為替感応度（１円の円安で営業利益への影響）
トヨタ自動車	自動車	145 円	160 円	500 億円増加
ソニー	電機	145 円	160 円	20 億円増加
日立	電機	140 円	150 円	15 億円増加
村田製作所	電子部品	145 円	155 円	45 億円増加
ニデック	精密機器	145 円	150 円	30 億円増加
ダイキン工業	機械	140 円	150 円	19 億円増加
パナソニック	電機	140 円	150 円	10 億円増加
日産自動車	自動車	―	―	120 億円増加
ホンダ	自動車	―	―	100 億円増加
日東電工	化学	140 円	―	30 〜 35 億円増加

注：・「―」はデータが入手できなかった項目を示します。
　　・為替感応度は、１円の円安が営業利益に与える影響額を示しています。

出所：著者調べ（2024年）

6 ドル建て日経平均株価で何がわかる？

　為替相場を介して他国との比較をすることで発見できることは少なくありません。投資の世界でもそう。ここでは、日米の株価を比較するというテーマを取り上げてみましょう。
　"日本株は米国株の影響下にあり"と言います。では日米の株価を代表する日経平均株価とニューヨークダウの割高、割安を判断することはできるのでしょうか。

■ 名目上はこう見えるけれど……

　まず、それぞれの平均株価を名目ベースでみてみましょう。リーマンショック後の最安値圏にあった時（2009年初）を起点に見ると、日経平均株価はニューヨークダウに比べ多少見劣りするものの、それほど遜色はなかったようにも見えます（右図）。2009年初にはいずれも8,000（円、ドル）だったのが、2024年には4万（円、ドル）まで上がっています。

　しかしこれは名目上の値です。実際にこれらの株式市場に参加している投資家からは、まったく違った風景が見えてくるのです。
　では、日米の両株式市場で最も影響力を持つ投資家は誰でしょう。ニューヨーク市場ではもちろん米国の投資家です。では日本株市場では？　実は日本の株式市場への参加者の6割は、米国を中心とした海外投資家です（取引金額ベース）。つまり、日本株を動かしているのは海外投資家なのです。
　では、米国の投資家はどんな尺度で日本株を売り買いするのでし

日米株価を比較する その1（各国通貨建て）

ょう。私たちが米国株を売り買いする時は「円建てでみた米国株の動き」をみます。それが最終的な損得を示すからです。同じように、米国の投資家はドル基準で日本株の収益を計算します。つまり、「ドル建ての日経平均株価」と「ニューヨークダウ」を比較考慮しながら売り買いを行っているのです。

であれば、ニューヨークダウとドル建ての日経平均株価を比較することが、実質的な割高、割安を判断する上ではより適切なはずです。

■ ドルベースで見た日経平均は？

さて、その結果はいかに？米国の投資家から見た日米株式の動きは244ページの図その2のように見えているのです。2009年初めから2024年までの間にニューヨークダウは8,000ドルから4万ドルへと5倍ですが、日経平均株価は90ドルから270ドルへと3倍にすぎません。断然米国株の方が収益を稼いでくれたのです。

では日本の投資家にとって、円建ての日経平均株価と円建てのニューヨークダウとはどちらが有利だったのか？これは、図その2と

日米株価を比較する その2（米ドル建て）

同じことなのですが、念のために図その3を用意しておきました。

日本の投資家からみると、円ベースでみた米国株は72万円から600万円へ値上がりしたのに対し、日本株は8,000円から4万円へ上がったにすぎません。米国株は8.3倍、日本株は5倍なのです。

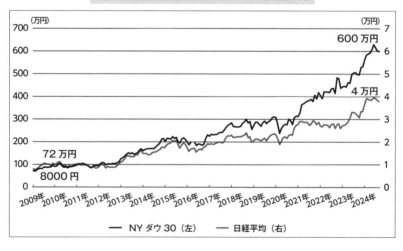

日米株価を比較する その3（円建て）

ドル円相場は圧倒的に米国側の事情で決まる

　私たちは為替レートについては、一般に"円"相場と表現することが多いですが、これは円ドル相場のことであり、さらに正確に言うとこれはドル相場です。「1ドル＝145円」は、ドルの価値を示す表記法なのですね。円が主役でなくドルが主役。これは序章でも取り上げたことです。

　私たちは言葉によって考えます。円相場と言った途端に、円が主人公になります。しかし、多少なりとも外為為替のことがわかってくると、円がどうなるかではなく、主人公はドルであることがわかってきます。実際、為替取引のプロは「円高・円安」ではなく「ドル高・ドル安」と認識し、そう表現します。

　ドル円相場は日本国内の事情で決まるのではなく、多くの場合、米国側の事情で決まることが多いのです。イニシアティブはドル、つまり米国の側が持っているのです。株価も同じ。「米国株の動きが日本株に影響する」のは日常茶飯ですが「日本株が下げたので米国株もそれに連れて下げた」なんてことはあまりありません。

　ドル円相場の動きは主に、米国側の事情によるものだというのは、過去の事例を見ても明らかです。以下、具体的な事例を挙げてみましょう。

ドル円相場の長期推移を振り返る

①1990〜1995年のドル安・円高

　1990年にわが国のバブルが崩壊して以降、1995年までほぼ一貫して円高が進みました。この時期はわが国の株価は急落していたのですが、皮肉にも円は買われて上昇し続けたのです。この時期のドル安・円高を主導したのは米国側の事情でした。

　米国が湾岸戦争後の景気後退に苦しんでいた1990年代初頭、景気刺激のために、FRB（米連邦準備制度理事会）は**大幅な金融緩和**を実施。1990年から1992年にかけ、政策金利を8％から3％まで引き下げました。この低金利政策はドル安をもたらしました。

　こうして1995年には、1ドル70円台という歴史的な円高が進行しました。もちろんこの円高が日本の産業、特に輸出に活路を求めたいメーカーに甚大なダメージを与えたことは言うまでもありません。

②リーマンショック（2008年）後の円高

　2008年9月に起こったリーマン・ブラザーズの破綻に端を発する

世界金融危機は、ドル円相場に大きな影響を与えました。この時期、日本の経済指標は比較的安定していたにもかかわらず、ドル円相場は大きく変動しました。

危機発生直後、一気に円高ドル安が進行。これは、世界の金融市場で不安が高まったことから、安全資産としての円への需要が急増したためですが、その後、米国が量的な緩和政策を導入したことにより、さらにドルが大幅に下落、円高・ドル安に拍車がかかったのです。

この事例は、日本の経済状況よりも、米国発の金融危機とそれに対する米国の金融政策が、ドル円相場を動かしたことを示しています。

③アベノミクス開始時（2013年〜2015年）

2012年末に安倍晋三氏が首相に就任し、「アベノミクス」と呼ばれる経済政策を開始しました。この政策には、大規模な金融緩和が含まれており、一般的にはそれが円安要因だったと説明されます。

しかし、この円安・ドル高の主因は必ずしも日本側の政策だけではありませんでした。この時期には米国経済は回復しつつあり、FRBは金融緩和政策からの脱却を模索し始めていたのです。つまり、日本が本格的な金融緩和策＝金利引き下げに向かうのとは逆に、米国は利上げを模索し始めていたのです。

この日米の政策の違いがドル高を後押しした結果、ドル高・円安が進んだのです。つまり、日本の政策変更に加え、米国の経済回復と金融政策の転換が、ドル円相場を大きく動かしたのです。

④トランプ大統領就任時（2016年末〜2017年初頭）のドル高・円安

2016年11月のドナルド・トランプ氏の米大統領選挙勝利後、ドル

円相場は大きく変動しました。トランプ氏が掲げた減税や規制緩和、インフラ投資拡大などの政策への期待から、米国の金利上昇とドル高が進んだのです。この時期、日本の経済指標や金融政策に大きな変化はありませんでした。

　このことは、米国の政治的な変化とそれに伴う経済政策への期待が、相場を動かす主因となったことを示しています。

⑤バイデン政権下での2021年からの円安（2021年〜2024年）

　世界的インフレに対処するために米国は利上げの検討を開始、それを先取りするように米国の長期金利は2021年から急騰しました。これで日米の金利差が一挙に拡大、円安が始まったのです。その後2022年には米国の政策金利の連続引き上げを受け、円安が加速しました。米国の金融政策がドル円相場を動かした典型的な例です。つまり、米国の政策が円安・ドル高を決定づけたのです。

　これらの事例は、いずれもドル円相場が日本側の事情ではなく、米国側の事情により大きく動くことを示しています。主な理由は以下の通りです。

　まず、世界最大の経済大国である米国の経済動向は、グローバル金融市場全体に大きな影響を与えます。そのため、米国の経済指標や政策変更は、ドル円相場を含む為替市場全体に波及します。経済規模が大きな国の動向が、より小さな国に対して与える影響の方が大きいのはごく自然なことです。

　国際決済や外貨準備において、米ドルは主要な通貨としての地位を保っています。そのため、米国の金融政策、政治、経済状況の変化は、国際関係や世界経済全体に決定的な影響を与えます。それは

第6章　外貨投資で資産を守る、育てる

日本の比ではありません。特に、米国の政権交代やそれに伴う重要な政策決定は、ドル円相場に大きな変動をもたらします。

　こうしたことを見越した上で、グローバルな投資家は、米国の経済指標や政策動向により高い関心を寄せ、それに反応します。そのため、米国関連のニュースや統計データの発表は、ドル円相場を含む為替市場により大きな影響を与えやすいのです。

　ドル円相場の動きを読むには、日本の経済統計データや政治的背景もさることながら、それ以上に米国側の要因により重点を置くべきです。過去の事例が示すように、米国の経済指標、金融政策、政治的決定がドル円相場に与える影響がきわめて大きいからです。

　では、具体的にどのように米国の経済統計データや政策動向を読み、それらが為替市場にどんな影響を与えると見ればいいのでしょうか。次項以下ではこの点を少し掘り下げてみます。

第6章 外貨投資で資産を守る、育てる

米国のどこに注目するか① 経済統計データ

　ドル円相場は、日米の経済状況や金融政策により大きく変動します。特に米国の経済統計データは、市場参加者の期待やFRBの金融政策に影響を与えるため、ドル円相場の動きを予測する上で非常に重要です。以下、主要な米国経済統計データの読み方とドル円相場への影響を取り上げます。

■ 雇用統計：米国経済の体温計

　毎月第1金曜日に発表される雇用統計は、米国の雇用状況を把握する上で最も重要な経済指標です。市場関係者が特に注目するのは、非農業部門雇用者数、失業率、平均時給の3つです。

　非農業部門雇用者数は、前月に比べ雇用者がどれだけ増減したかを示します。米国の現在の人口増加ピッチから見て、毎月20万人程度増えることで景気に対しては中立的であるとされます。したがって、増加数が5万人とか8万人にとどまる場合には、景気後退と判断されることに注意が必要です。市場予想を上回る増加は、景気がよい→ドル買いの材料となります。

　第1金曜日に前月分を発表するとともに、前々月分の修正データも同時に発表されます。この修正データも合わせて当月のデータを判断する必要があります。

　失業率の低下は労働市場の逼迫を示し、賃金上昇圧力を通じてインフレ加速につながる可能性があるため、ドル買い材料とみなされます。さらに、**平均時給**の上昇も、同じ理由でインフレ圧力の高ま

りとしてドル買いを後押しします。インフレ率上昇は金利の上昇を招き、これがドル高につながることが多いからです。

■ 消費者物価指数（CPI）：インフレの指標

　毎月発表される米国の消費者物価指数（CPI）は、消費者向け財・サービスの価格動向を示す指標であり、インフレ動向を把握する上で重要です。

　CPIの上昇は、インフレ圧力の高まりを示唆し、FRBの金融引き締めを予想させるため、ドル買い材料です。逆に、低いインフレ率は、FRBの金融緩和姿勢を後押しし、ドル売り円買いにつながると読むのが原則です。

　最近の例だと、FRBが利下げを始め2024年には、特にこのデータが注目されました。インフレ率が予想より高い時には「景気は良好」→「金利を下げる理由はない」→「利下げは遅れるだろう」という連想から、ドル金利下がらず→ドル高・円安が進んだことが幾度かありました。

■ 国内総生産（GDP）：経済規模を示す指標

　四半期ごとに発表されるGDPは、米国経済全体の規模を示す指標です。市場関係者は、特に物価変動の影響を除いた実質GDPの伸び率に注目します。

　予想を上回る高い成長率は、2つの点でドル高要因となります。1つは、好調なGDP成長は企業の利益が順調に伸びていることを示しているため、株式市場の活性化を促し、結果として海外からの投資を促進するということです。これにより、ドル需要が増加するので、ドル円相場は上がると予想されるのです。

　2つ目は、高いGDP成長率を示した時には、米国の金利が上昇

するとの予想が高まるため、それに応じてドル買い円売りが活発に
なると多くの人が考えるためです。

米国のGDPは、その7割が個人消費によって支えられているため、
GDPを支える要因の中でも特に、個人消費のデータが注目されます。

■ ISM製造業景況感指数：製造業の現状を示す指標

ISM（米サプライ管理協会）が、350社のメーカーの購買担当役員
にアンケートを実施してまとめるものであり、企業が生産、雇用、
受注などについてどのように判断しているかを表します。

具体的には、生産・雇用・在庫・新規受注・商品価格・輸入など
の各項目につき、1カ月前に比べて「良い」「普通」「悪い」の判断を
集計。各項目の回答を集計した結果が、指数として公表されます。
指数の値が50％を切ると景気後退、50％を上回ると景気の拡大を示
すと読むのが基本です。

高い指数は、製造業の好調さを示すため、ドル買い材料となりま
す。製造業の拡大は、米国経済全体の成長を後押しし、ドル買い円
売りにつながる傾向があります。逆に、製造業の縮小は、米国経済
の先行き不透明感を高め、ドル売り円買いにつながります。

■ 個人消費者信頼感指数：FRBが注目する個人消費指標

個人消費者信頼感指数は、消費者へのアンケート調査により雇用、
景況感、所得などに対する判断を数値化したもので、消費者の景気
の見方を示す代表的な指標です。米国の平均的な家計が、雇用、賃金、
消費など重要なトピックについて、どの程度楽観的な、あるいは悲観
的な見方をしているかを表現するデータとして、注目度が高いもので
す。

指数が上昇すると、これからの個人消費拡大が期待されるため、

ドル高・円安の要因となります。

　これらの指標は相互に関連しており、各指標が市場の予想からどのように乖離しているかを見るのがポイントです。市場の期待に対してポジティブなサプライズであれば、米ドル高になりやすく、逆にネガティブなサプライズの場合は米ドルが弱くなる傾向があります。

米国のどこに注目するか②　FRBの金融政策

　ドル円相場に直接影響を与えるのが、米国の中央銀行であるFRB（連邦準備制度理事会）の金融政策です。FRBは、経済状況に応じて、お金の流れを調整することで、物価や経済成長を安定させようとします。

　FRBの金融政策は、ドル円相場だけでなく、世界経済にも大きな影響を与えるため、常に市場関係者が注目しています。

　米国景気が予想以上によかったことを受け、FRBが金融を引き締める兆しが見えれば、それを敏感に察知して米国国債利回りが上がり、そのとたんにドル高・円安が進みがち。あるいは景気が減速、消費者物価指数の上昇率が鈍くなれば、米国の利下げが近いとの憶測から、今度は逆にドル安・円高が一気に進む。このような現象は2022年以降、たびたびみられました。

　前項で述べたような経済統計データ自体がドル円相場を動かすというよりは、多くの場合それが金融政策に与える影響を通じてドル円相場を動かすケースが多いのです。

■ 金融当局の動きを注視するFEDウォッチャー

　ドル円相場を先読みするには、米国の金融市場動向、とりわけFRBの動向を正しくキャッチすることがきわめて重要です。このため、FED（フェド）ウオッチャーというFRBの政策動向をきめこまかく観察して先行きの為替相場はじめ株式、金利などのマーケットの動きを予測する仕事が専門職として設けられているくらいです。

第6章　外貨投資で資産を守る、育てる

　以下、米国の金融市場、金融政策のアウトラインとその読み方の基本を説明します。

■ その1：年8回開かれるFOMCで金融政策の基本が決まる

　米国の金融政策を一手に引き受けているのが、**連邦準備制度理事会**で一般に**FRB**と呼ばれています。日本銀行のように「銀行」ではなく「制度」とあるのは、日本とは異なり複数の銀行（地方の連邦準備銀行）から成り立っている組織体として運営されているからです。

　金融政策の基本方針を決定する会合は**FOMC（連邦公開市場委員会）**と呼ばれますが、これは日本の「金融政策決定会合」にあたります。約6週間ごとに年8回開かれ、ここで決定される公開市場操作の基本方針、つまり金融市場に対してFRBがどんなスタンスで臨むかが決まります。

　具体的には「**通貨量ならびに政策金利をどうコントロールするか**」が柱となり、これが世界全体、もちろん日本の各種マーケットにもきわめて強い影響力を与えます。以下、特に注目されるトピックを紹介します。

■ その2： FFレートの誘導目標水準の設定

　政策金利の決定がこれです。**FFレート**とは、日本のインターバンク市場で多くの金融機関が行っている、短期の資金の貸し借りで成立するコールレートのようなものです。

　FFとは「Federal Fund」の略で、米国の民間金融機関が米連邦準備銀行（中央銀行のような機能を果たす）に預けている当座預金口座のことです。米国の金融機関が、資金の過不足を調整するため短期

255

の資金貸借を行った時に、この口座で決済されるので、FFレートと呼ばれます。

　というよりも、「現在、日本で行われている日本銀行の金融調整の仕組みは、もともと米国の仕組みを導入したもの」と言った方がいいでしょう。そもそも、コール市場で金融機関が短期のお金を貸し借りし、日本銀行が市場のお金の量をコントロールするという現在のシステムは、米国の制度・仕組みを導入したものだからです。

■ その3： FOMC声明文と議長会見

　FOMCが開催された日に公表されるのが、**FOMC声明文**です。FOMCで論議された内容ならびに、今後の政策運営の基本方針が簡潔に記されています。そして、その翌日に行われるのが**FRBの議長会見**です。一般に、前日のFOMC声明文に対する追加的な説明が行われ、その後、記者からの質問に答えるという形がとられます。

　これら一連の声明及び会見の内容は、特に金融市場の関係者にとっては、きわめて注目度の高い情報です。

　FOMC（米連邦公開市場委員会）の声明文は、日本語で読むことができます。日本経済新聞やロイターなどの主要な経済ニュースサイトでは、日本語に翻訳して掲載しています。

　また、以下のFOMCの公式HPでは英語の原文が公開されているため、翻訳ツールを使用して日本語に翻訳することもできます。

第6章　外貨投資で資産を守る、育てる

FOMCの公式HP：https://www.federalreserve.gov/default.htm

10 米国のどこに注目するか③　政治ほか

　ドル円相場は、日米の経済・金融状況だけでなく、世界経済の動向や投資家の心理など、様々な要因から影響を受けます。なかでも、米国の政治状況は、経済政策や国際関係に大きな影響を与えるため、ドル円相場の先行きを読む上で非常に重要です。

■ 大統領選挙の影響

　4年に一度行われる米国の大統領選挙は、ドル円相場に大きな影響を与える重要なイベントです。それ以降4年間の、経済政策の方向を決める転換点となるからです。

　例えば、2016年の大統領選挙でドナルド・トランプ氏が勝利した際は、減税政策や規制緩和を公約に掲げていたため、経済成長への期待からドル高が進みました。

　一方、2020年の選挙では、ジョー・バイデン氏とトランプ氏が拮抗していたことで、不透明感が強まるとともに政局が不安定化したため、一時的にドル安傾向となりました。

　大統領選挙で特に注目されるのは、以下のような政策です。

- 税制改革：法人税率や個人所得税率の変更
- 財政政策：インフラ投資や社会保障制度の拡充
- 通商政策：関税の設定や自由貿易協定の締結
- 金融規制：銀行や金融機関に対する規制の強化または緩和
- エネルギー政策：再生可能エネルギーの推進や化石燃料の利用

　これらの政策変更は、米国経済の成長率やインフレ率に影響を与え、ひいてはドル円相場にも影響します。

第6章　外貨投資で資産を守る、育てる

■ 議会との関係

　米国の政治システムは、大統領と議会による権力分立が特徴です。大統領が提案する政策を実現するには、議会の承認が必要です。そのため、大統領と議会の関係が、政策の実現可能性や実施スピードに大きく影響します。

　例えば、大統領と議会の多数派が異なる政党である「ねじれ議会」のもとでは、政策決定が難航しがちです。2017年からの共和党第1次トランプ政権下では、民主党が下院の多数を占めたことで、予算案の承認が難航し、政府機関の一部閉鎖という事態にまで発展しました。このような政治的な停滞は、経済政策の実施を遅らせ、市場の不確実性を高めることで、ドル安要因となることがあります。

　一方、大統領と議会が協調的な関係にあれば、迅速な政策決定が可能となり、市場に好意的に受け止められがちです。2021年のバイデン政権発足直後は、民主党が上下両院で多数を占めていたため、大規模な経済対策が迅速に可決されました。これは経済回復への期待を高め、一時的にドル高要因となりました。

■ 国際関係の影響

　米国の国際関係、特に主要国との関係は、ドル円相場に大きな影響を与えます。特に注目すべきは、中国、ロシアとの関係です。

　トランプ政権下、2017年から2019年にかけて激化した米中貿易摩擦は世界経済に大きな影響を与えました。米国が中国製品に高関税を課し、中国も報復関税で応じたことで、両国の経済成長が鈍化し、世界的に景気後退懸念が高まりました。この間、市場のリスク回避姿勢が強まる局面では、円高・ドル安の傾向が見られました。

　一方、2022年のロシアによるウクライナ侵攻に対し、米国を含む

西側諸国はロシアに厳しい経済制裁を課したため、エネルギー価格の高騰やサプライチェーンの混乱が起こり、世界的にインフレ圧力が高まりました。この状況下で、米国の積極的な利上げによりドル高が進行する一方、日本は金融緩和を継続したため、急激な円安・ドル高が進みました。

　また、米国の中東政策や北朝鮮との関係など、地政学的リスクが高まると、安全資産である円への需要が高まりがちです。

■ その他の注目すべき要因

　原油価格の動向も、米国に与える影響を通じてドル円相場を動かします。押さえておくべき主要な点は3つあります。

　1つ。米国は世界最大の原油消費国です。原油価格の上昇は、米国のインフレ圧力を高め、消費者の購買力を低下させる可能性があります。これは、経済成長の鈍化につながり、ドル安要因として働くことがあります。

　2つ目は、原油価格の高騰が長引くと、インフレ防衛のために利上げを行い、これがドル高・円安につながる可能性があることです。2021年からの数年間は、原油価格の高騰が米国の利上げを促し、それが主因となってドル高・円安をもたらしました。

　3つ目の視点は、米国は近年、シェールオイルの生産量を増やしており、原油価格の上昇が米国のエネルギー産業にとってはプラスに働く面もある点です。これは米国の経済成長率を高めるため、ドル高要因となることがあります。

　以上のうちどのメカニズムが働くかは、その時々の原油価格の変化幅や期間によってことなることには注意が必要です。

　そのほか、グローバル金融市場における投資家の心理は、ドル円

相場に大きな影響を与えます。経済の先行きに不透明感が強まると、投資家はリスクを回避しようとして、安全資産とされるドルや円に資金が集中しがちです。

特に、世界的な金融危機や地政学的リスクの高まりなど、大きなショックが起こった際には、ドルと円のどちらがより「安全」とみなされるかによって、ドル円相場は大きく変動することがあります。

さらに、近年の急速な技術革新とデジタル化の進展は、経済構造を大きく変えつつあります。米国のIT企業が世界的に優位性を持つなか、デジタル経済の発展が米国経済にプラスに働くと、ドル高の可能性が高くなります。

●コラム● 通貨の交換は同時に金利の交換を伴う

　ドルへの投資がどれだけ儲かるか、損するかを決めるのは、ドル円相場の動きだけではありません。1ドル100円が120円になった時、1ドルを持っていれば利益は20円です。これは為替相場が上がったことによる利益。しかし、もう1つ重要な要素があります。それは、円をドルに換えるということは、同時に円の金利を手放し、ドルの金利を手に入れることを意味するということです。

　円金利が1％でドル金利が5％の場合、円を売ってドルを買うということは、1％の金利を捨てて5％の金利を得ることを意味します。つまり、円売りドル買いに伴う損益を考えるには、ドル円相場の動きだけではなく、その金利差も考慮する必要があるのです。以上の場合、1年あたり4％の金利が得られるのです。

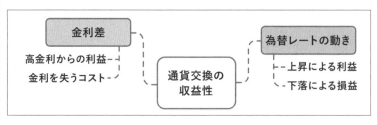

　2000年代初期に多くの個人がFX（通貨証拠金取引）に飛びついた理由の1つは、低金利の円を売って高金利のドルを買うことで、その金利差が手に入ったからです。これが「**スワップポイント**」。FXでは、毎日計上されるため、この金利差が自分のポケットに毎日入ってくることが実感できました。これが多くの個人がFXを利用する引き金になったのです。

　一般に通貨交換は、その金利差の交換を伴う、という視点は外貨投資においてはとても大事なポイントです。

第6章　外貨投資で資産を守る、育てる

●コラム●　日本株高が外国人投資家の円売りを促す？

　海外の株式、債券を購入する時には相手国通貨を買い、自国通貨を売るのが原則です。しかし現実には、この逆の為替取引が組み合わされることが多いのです。どういうことか？

　例えば、米国の機関投資家が値上がりを期待して日本株を100億円買った場合、このままだとこの100億円すべてが為替変動リスクを負います。

　「でも、日本株の値上がり益は手に入れたいが、為替リスクは回避したい」。こう考えた時にはどんな手段があるでしょう？

　この100億円のうち例えば50億円分、円の先物を売ってドルに換えるという為替先物取引を行っておくのです。先物での円売り・ドル買いですね。こうすれば為替変動リスクは半分に減らせます。これを「為替ヘッジ」と呼びます。

　特に米国の年金基金など規模の大きな機関投資家は、長期にわたり安定的な運用を指向する傾向が強く、為替ヘッジを多用します。

　もちろん、日本の投資家が米国などの株式、債券などに投資する時も同様です。例えば米国株に投資するファンドにも、為替ヘッジをまったく行わないファンドと、全額について為替ヘッジを行うファンドがあります。それぞれファンド名の最後に「為替ヘッジなし」「為替ヘッジあり」と表記されているのがそれです。

　実はこうした行動が、為替相場に強い影響を与えることは珍しくありません。

　株価の変動が為替相場に及ぼす影響の基本は、株価上昇→通貨高、株価下落→通貨安なのですが、以上のような為替ヘッジ

第6章　外貨投資で資産を守る、育てる

263

が、これとは逆の影響を為替相場に与えることがあるのです。日本株の上昇が円安をもたらすことがあるのです。

　運用額の半分は為替ヘッジすることを運用ルールとしている米国の投資家が、1,000億円分日本株を買ったとします。日本株が20%値上がりして時価評価額が1,200億円になった時、その半分の為替ヘッジを行っていなければなりません。では、そのためにはどうするか？
　値上がりした200億円の半分の100億円分について、新たに先物で円を売り、ドルを買うという操作を行うのです。すると、新たに100億円分の先物での円売りが発生します。これは明らかに円安要因です。
　こうして、日本株の上昇が円安要因になることはよくみられます。

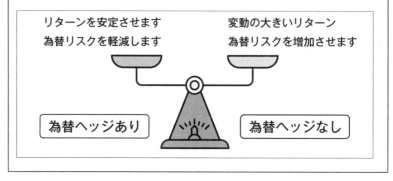

第7章 これからの為替相場を読むために

Chapter 7

「円キャリー」がわかれば円相場はわかる①

　ここからは、より実践的な為替相場の読み方を説明していきます。その第1教程は「**円キャリートレード**」です。現実の為替相場を読むには、このキーワードなくして理解できないことが、近年とても多いからです。

　世界では毎日、莫大なお金が国境を越えて移動しています。世界中を飛び回る渡り鳥のように、少しでも有利な居住区（投資先）を求めてお金は常に動き続けているのです。このお金の流れを読み解くに際して「円キャリートレード」と呼ばれる仕組みは、とりわけ重要なキーワードです。

　円キャリートレードとは、低金利通貨の円を借りて、それ以外の高金利通貨で運用することで利益を得ようとすることです。日本円は長年にわたり超低金利政策が続いてきたため、こうした取引の格好の通貨であり続けてきたのです。

　円キャリートレードのメカニズムは以下の通りです。例えば米国の投資家が、日本の銀行から低金利で円を借り、その資金を米ドルなどの高金利通貨に交換します。そして、その高金利通貨で債券や株式など、より高い利回りが期待できる金融商品に投資します。

　高金利の国で得られるリターンが、円を借りる際の金利（コスト）を上回れば利益が得られます。原理は簡単。日本の金利が0.1％、米国の金利が3.1％の時、投資家は日本円を借りて、それを米ドルに交換し、米国の債券に投資します。1億円を借りて運用すると、金利

世界最低水準の金利を続けてきた日本

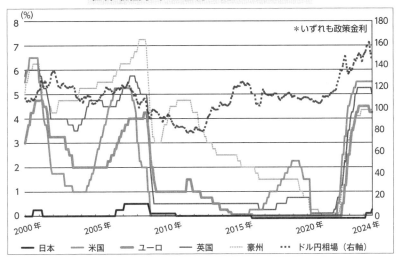

差である3％の利益、つまり300万円のプラスです。

こうした動きが広がると、円安が進みます。つまり、円キャリートレードは円安要因なのです。

■ 円キャリートレードでマネーは世界に拡散

円キャリートレードにおけるマネーの流れを、現実に即してもう少し詳しく説明しておきましょう。超低金利で調達された円は前述の通り、いったん米ドルに換えられるのが一般的です。この数量を100としましょう。

そのうち、例えば50は米国の債券あるいは株式の購入にあてられ、残り50はさらに高金利を求めて豪ドル、英ポンド、カナダドル、NZドル建て債券などの買いにあてられます。あるいは高い経済成長から得られる収益を求めブラジル、インドなどの新興国通貨に交換された上で、これらの国の株式などに投資されます。

つまり、円キャリートレードでの資金の行先は米国だけではありません。ほとんど世界中にマネーが拡散するのです。

　この円キャリートレードが注目され始めたのは、米国が不動産景気の過熱に対処するため、2004年半ばから2年間にわたって、連続的に政策金利を年5.25%まで引き上げたことがきっかけでした。この間、低成長経済を続けているわが国の政策金利は、2006年から2007年にかけてわずか2回、計0.5%引き上げられたに過ぎません。

　このため、日米の金利差が急速に拡大しました。そこで、この金利差に目を付けた国際的な投機あるいは投資資金が「円資金の調達」→「日本国外への持ち出し」→「海外の株式、債券での運用」というマネーの流れを形作ったのです。こうした世界的なマネーの潮流が、2008年のリーマンショックまで続くことになりました。
　この時期は、米国はじめ新興国の景気も順調で、投資家の**リスク選好（リスクを許容しつつ活発に投資する）**が高まった時期です。

　あるいは、2013年から2015年にかけ急激に進んだ円安の進行も、円キャリートレードに伴うものでした。
　この時期、日銀は大規模な金融緩和政策を開始、これによって金利はほぼゼロになりました。この結果、日本の金利は他国に比べてさらに低い水準となり、多くの海外投資家が日本円を借り入れ、米ドルなど高金利の資産に投資する円キャリートレードを加速させたのです。

2 「円キャリー」がわかれば円相場はわかる②

ところが、このマネーはとてもリスクに敏感なのです。世界経済の不確実性が高まったり、投資家のリスク回避姿勢が強まったりすると、その逆の動きが生じます。

日本国外にマネーを持ち出した投資家は、運用先の高金利通貨を売って借りていた円を返済するため、円を買い戻すのです。これが**円キャリートレードの巻き戻し**です。この動きが加速すると、円が急激に買われ、一気に円高が進むのです。

■ 円キャリートレードの巻き戻しは円高要因

円キャリートレードの巻き戻しで、円が急騰した例として最も有名なのが、2008年のリーマンショック時です。米国の投資銀行リーマン・ブラザーズの破綻を機に、世界的な金融危機が発生しました。投資家のリスクを回避する姿勢が強まり、円キャリートレードの巻き戻しが急速に進んだのです。投資家は、高金利通貨を売って日本円を買い戻し、借りていた円を返済しました。

その結果、2008年8月から10月にかけて、円は対ドルで110円台から90円台まで一気に上昇。この急速な円高は、輸出企業の収益を圧迫し、日本経済に大きな影響を与えました。

あるいは、その後2020年からのコロナパンデミックの際にも、円キャリートレードの巻き戻しによって一時的に円高が進みました。

最近の例だと、2024年8月初旬の世界的な株価の大暴落時にも、

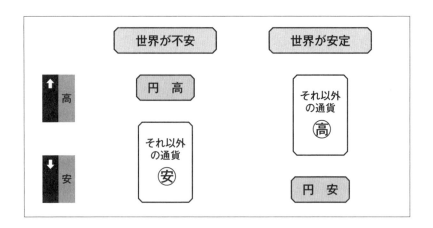

円キャリートレードの巻き戻しで一気に円高が進んだことがあります。2024年7月末に、日銀が関係者の意表を突いて0.25％への利上げを行った直後に、米国の雇用データが悪化したことを受け、米国景気への懸念が一気に広がりました。

このため、円キャリートレードで世界中に供給されていた大量のマネーが、一気に円に還流してきたのです。そのため、1ドル＝148円台で浮動していた円相場は一気に141円台にまで上昇しました。

前述の通り、円キャリートレードでは世界中にそのマネーが拡散されるわけですから、円はあらゆる通貨に対して下落します。そしてその巻き戻しが始まると、円はあらゆる通貨に対して上昇するのです。これは、円を巡るマネーの動きが「**円売り・あらゆる外貨買い**」か「**円買い・あらゆる外貨売り**」という一方向に動きやすいことを意味しています。

つまり、世界が不安になると決まって円高になるのは、このキャリートレードの巻き戻しが原因だったのです。

円キャリートレードは、国際金融市場においてきわめて重要な役割を果たすとともに、為替レートを不安定性にする要因でもあります。投資家のリスク選好が変わることによって、円キャリートレードを巡るマネーの動きが逆流し、それが円相場の極端な動きにつながるためです。

　円キャリートレードの主な担い手は、ヘッジファンドや内外の金融機関や機関投資家などですが、わが国の個人が投資信託を通じて外貨建て資産を購入していることも、広い意味では円キャリートレードです。

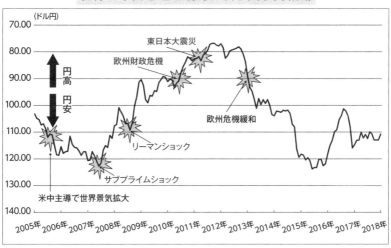

世界の不安心理を端的に映し出す円相場

3 円相場はジェットコースターだった

「円キャリートレード」と「その巻き戻し」について、前項とは違った視点から振り返っておきましょう。グラフは、主要通貨の対円相場の推移を、対前年比の動きとして示したものです。

一見してわかる通り、円に対して多くの通貨はある時点では一斉に上昇するかと思えばその次の年には下落するというように、一方向で動くのです。言い換えれば、円は最強通貨になったかと思えば最弱通貨になるという、ジェットコースターのような動きをしているのです。もちろん、各通貨の円に対する変化率は違いますが、少なくとも円に対して同一方向で動くことが圧倒的に多かったのです。

日本円はジェットコースターである

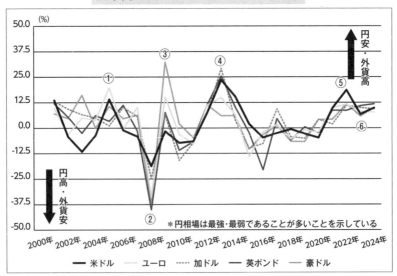

第 7 章　これからの為替相場を読むために

　これは、前項までに説明した「円キャリートレード」と「その巻き戻し」が、円相場にきわめて強い影響を及ぼしている何よりの証左です。

　説明が後になってしまいましたが、ここで前項までに取り上げた「円キャリートレード」と「その巻き戻し」が顕著に起きた事例を、前ページ図に照らして箇条書きで示しておきます。

①2004 ～ 2006 年：米利上げ、日本は超低金利で日米金利差が一気に拡大して、円キャリートレード→円安

②2008 年：リーマンショックで世界不安は頂点に達し、円キャリートレードの巻き戻し→円高

③2009 年：リーマンショックによる世界的リスク回避からの反動：円キャリートレード→円安

④2013 ～ 2014 年：日本の第二次安倍政権下での大規模な金融緩和政策で日本金利は一段低下。円キャリートレードが加速→円安

⑤2021 ～ 2024 年前半：米国利上げ・高金利維持の一方で、日本は低金利維持で円キャリートレード活発化→円安

⑥2024 年 8 月：日銀の利上げと米景気の悪化（兆し）により、米利下げ繰り上げで日米金利差縮小予測。さらに米景気悪化懸念から安全通貨の円への回帰＝円キャリートレードの巻き戻し→円高

　このように見ると、数年単位で円キャリートレードとその巻き戻しが交互に進行するという、見事なくらいの振り子運動を示してきたことがわかります。

　日本は長年にわたって世界でほとんど最低の金利水準を続けてき

273

たため、円キャリートレードを通じて巨額のマネーが海外に滞流しています。日銀は、2024年3月時点では10数兆円と、過去10年間で2倍に膨れ上がったと推計しています。

　これらの巨額の資金は、円キャリートレードの巻き戻しのいわば予備軍です。つまり一朝事あれば、一気に日本に戻り、円高をもたらす可能性があるわけです。

　そしてこれまでの経験から言うと、円キャリートレードの巻き戻しによる円高は、きわめて急ピッチな動きになる可能性が高いことには注意が必要です。

●コラム●　通貨別分散投資には限界ありとデータは言う

　2010年代前半に長期にわたる円高が一服し、円安に傾いてきた今、従来以上に海外投資へのメリットが高まってきました。もちろん「円安→国内インフレ→生活の質劣化」は「外貨保有→円安・外貨高で為替差益を獲得」によって緩和できるからです。では、改めて海外投資における基本をどう踏まえればよいのでしょうか？

　ここで真っ先に上がるのが、「為替変動リスクを軽減すべし。そのためには、複数の通貨への分散投資」というのが教科書的な答えです。

　もちろん、これは円から見て米ドルや豪ドル、ユーロ、カナダドル、英ポンドなどが異なる動きをするので、為替リスクが分散されるはず、という読みに基づいています。例えば、米ドルと豪ドルは円に対して下がったけれど、ユーロ、カナダドル、英ポンドが上がったので、為替差損と差益が相殺されるという

わけです。円から見て各通貨が異なる動きをするからこそ、多通貨への分散投資にリスク軽減効果があるのです。

さて、では主要各国の通貨は円に対しどれくらい異なった動きを示してきたのか。これを示すのが先ほど272ページで掲載したグラフです。少なくとも1年〜数年単位でみると、ジェットコースターのように動くことはすでに述べた通りです。

少なくとも1年〜数年単位でみた場合、世界各国の通貨が円に対して同じ方向で動きがちである以上、外貨への分散投資には限界があると考えるべきでしょう。

すべての通貨が円に対し上昇した時期には、為替差益を多く得られます。しかし逆に、すべての通貨が円に対して弱い時期には、リスク分散効果はほとんどありません。

もちろん単独の外貨（通貨）に集中投資するのに比べ、分散投資では多少なりともリスクが分散されることは確かです。でもそれを過信しない方がいいということを、このデータは示しています。

2008年のリーマンショックという世界を揺るがした金融・経済危機の時のこと。多くの通貨への分散投資を謳い文句にした投資信託の成績が軒並み悪化し、「海外通貨分散投資はリスク分散効果がない」と投資家に失望を与えたことがありました。これがきっかけとなり、国際分散投資を謳う投資信託の人気が一時的に低下したという経緯があります。

でも今から振り返ってみると、多通貨への分散投資が為替リスクを減らしてくれることに、あまりにも大きな期待を抱きすぎたとみるべきなのでしょうね。中〜長期だと、ある程度の分散投資効果は間違いなくあるのですから。

世界が不安になると円高になるこれだけの理由

　円キャリートレードとその巻き戻しという、世界全体のマネーの動きを読むための基礎を話してきました。ただ「でも、世界経済が不安定になったり、地政学的リスクが高まったりすると、円が買われるというのはどうも理解しにくいわね」という人が少なくないと思います。

　その思いは多分「だって、日本は世界一の財政赤字を抱えている国だから、通貨に対する信頼度はむしろ低いんじゃないの」というイメージからきているのでしょうね。さてこのイメージは正しいのでしょうか？

　この問いに答えるには、**一国の経済は主に「政府」「民間企業」「家計」の3つのセクターから構成**されていることを踏まえた上で、それぞれの事情を個別に見る必要があります。

　国の経済は「政府」と「民間企業」と「家計（個人）」からなります。そして、**巨額の赤字を抱えているのはあくまで「政府」部門**なのです。2024年3月末時点で日本の政府が負っている累積赤字は1,240兆円。うち国債の発行残高が、そのほとんどの1,080兆円を占めています。では、企業と家計はどうか。「民間企業」は360兆円もの現金・預貯金を持っていますし、「家計」は2,100兆円もの金融資産を持っているのです。ということは、国全体としてみれば大金持ちなのです。

　私たちは、「国債」残高が1,000兆円と言います。新聞などでも「国

債」って言います。確かに国が発行している債券（国債）が1,000兆円あることは間違いありません。しかし、これは「政府債」残高が1,000兆円、と理解した方が正しいのです。国全体で負っている債務が1,000兆円なのではなく、「政府」と「民間企業」と「家計（個人）」のうちの「政府」が負っている債務が1,000兆円なのです。

　では、民間企業、家計を含む日本国全体が持っている資産はいくらか。それを端的に示すのが対外資産です。2023年末時点で1,146兆円あります。ただし、一方では負債も789兆円あります。そしてその差額を示すのが「純資産」であり、これが357兆円。

　実は、これが世界でダントツのトップなのです。それも今日、昨日始まったことではなく、もう10年も20年も前から、日本国は世界に冠たる「対外資産保有国」なのです。つまり、海外にこれだけのお金を貸している（＝投資している）のです。

■ 対外純資産は世界一の日本

　日本はこれだけ長期に渡ってデフレ・低成長経済を続けてきたのに、対外純資産はトップなのです。同じ2023年末には２位、３位の中国、ドイツが320兆円、291兆円です。

　長年にわたってわが国が輸出で稼いできたのに加え、2000年代以降はわが国の企業が海外に進出し、現地で工場など生産設備を多く持ち始めたことで、巨額の対外資産を持っているのです。あるいは私たち個人も、投資信託などを通じて多くの海外株式、債券などを買っています。「海外の工場や株式、債券を買って持っている」とは「海外にお金を貸している」ということ。

　ここまでくれば、「世界が不安定になると、円が安全資産として買われる」という事実に違和感を覚えることはないはずです。

人にお金を貸す時には何が最も大事か？　返済できるかどうかです。返済の原資は2つあります。1つは「どれだけの資産を持っているか」。もう1つは「どれだけの稼ぎがあるか」です。国の通貨についても同じことです。

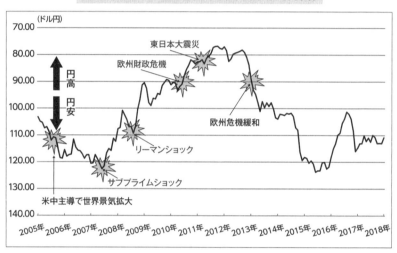

世界の不安心理を映し出す円相場（再掲）

　日本は国全体としては、ネット（正味）で357兆円もの巨額のお金を海外に貸しているのです。トヨタ自動車が米国に現地工場を建てるということは「海外にお金を投資＝貸している」のです。あなたが「インド株式ファンド」に投資しているということは、インドの企業にお金を貸していること。

　つまり、こうして海外に投資されたお金が積もり積もって正味357兆円もあるということなのです。国全体としてはお金持ちなのです。日本の国全体としては、いざとなればそれを回収すればよいわけです。
　世界が不安になれば、あるいは景気が悪くなれば、一番お金持ちの、

言い換えれば海外から回収できる巨額のマネーを持つ日本の円が「安全通貨」としていちばん頼りになるのは、当然のことだったのです。世界が不安定になれば、円が選好される最大の理由がここにあります。

ちなみに「政府」が巨額の負債を負っているとは言っても、その負債の90％以上は、国内（企業、家計等）で賄われています。つまり、海外への依存度はとても低い。そこへ行くと、米国政府などはその債務の半分は海外に依存しています。

だから、この点だけを踏まえれば、世界の基軸通貨である米ドルより日本円の方がより安全な通貨だ、というのが世界からの評価なのです。

言ってみれば、「政府」（お父さん）が貧乏で赤字でも、「企業」（お母さん）はそれを上回る多額の貯蓄を持っているし、「家計」（子ども）も節約して多く貯金をしている。そして、お父さんの借金はそのほとんどが、お母さんと子どもから借り入れたもの。こんな状態はちょっと情けないとも言えるのですが、少なくとも家庭全体で見れば、裕福な資産家なのです。

5 購買力平価を突き抜けて円安が進行①

「40年ぶりのインフレ」といった見出しが各種メディアにおどったのは、2022年末〜23年初頭のこと。2022年から目立って上昇し始めた日本のインフレ率（消費者物価指数対前年比）が、4％台へと一気に駆け上ったのです。

多くの人にとってはただ円安のピッチが速すぎ、という印象の域を出なかったでしょうが、実はこの時、従来からの経済常識を真っ向から裏切る事態が進行していたのです。単なる円安、ではなかったのですね。どういうことか？

第2章の5項（119ページ）で力説したのは、物価が為替相場に与える影響でした。つまり、物価上昇率が高い国の通貨は下落するという**購買力平価**の考え方です。言い換えると、現実のドル円相場は米国と日本の物価が同じになるような購買力平価に沿うように動くのが合理的であるということです。実際、過去のデータはほぼその考え方を裏付ける動きを示してきました。

ちなみに、次ページでみる図に示された購買力平価はほぼ一貫して右肩下がりですね。つまり円の購買力平価はずっと円高方向で動いてきたのです。これは、日本の物価上昇率が米国など海外のそれを下回り続けてきたことを雄弁に物語っています。デフレ国ほど通貨高になるというのが、購買力平価の考え方なのですから（第2章5項）。

第7章 これからの為替相場を読むために

ドル円相場は購買力平価に沿って動いてきたが

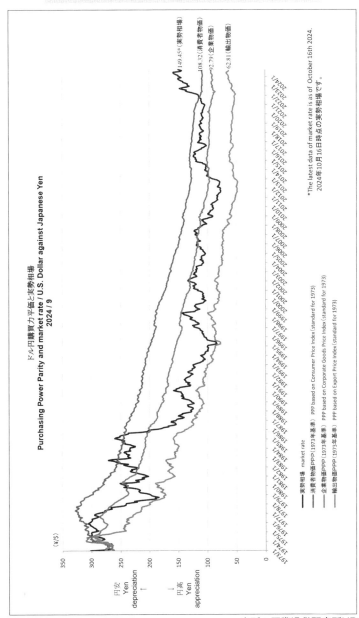

出所：国際通貨研究所HP

さて、2021年からはこの理屈に逆行するように円相場が動き始めています。購買力平価は円高方向に動く一方なのに、実際の円相場は円安に振れ始めたのですね。

下の図がその理由を雄弁に物語っています。2020年半ばから日米インフレ率の差は拡大（日本のインフレ率が相対的に下落・グラフで上昇）しているにもかかわらず、急激に円安（グラフでは下降）が進んだのです。それ以前ではまったく逆行しているのです。

その結果、前ページの図のように2024年半ばには、購買力平価に対しても50円以上も円安になったのです。これは「購買力平価」の考えからすれば、明らかに異常です。

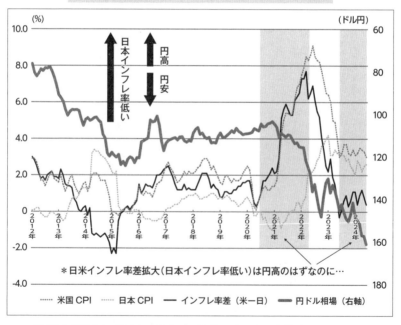

逆行し始めた日米インフレ率差とドル円相場

※購買力平価は、物価の動きを考慮した上で計算するわけですが、どんな種類の物価を基準にするかでいくつかの考え方がありま

第 7 章　これからの為替相場を読むために

す。281ページで示した図は、日本の国際通貨研究所が作成、定期的に更新しているものですが、物価としては「消費者物価」「企業物価」「輸出物価」の3つが採用されています。ただ、現実のドル円相場はこのいずれをも大幅に逸脱して円安が進んでいます。

●コラム●　購買力平価とビッグマック指数

　購買力平価とは、同じ品物ならどこの国で買っても同じ価格で買えるような為替レートです。いわば、**「世界中で一物一価が実現するような為替レート」**です。

　世界的に有名なのは、英国の「エコノミスト」誌が算出している「ビッグマック指数」。これは、世界各地どこでもほぼ同じ品質のマクドナルドのビッグマックが同じ価格で買える為替レートを示したです。

　2024年7月では、日本のビッグマックは480円に対して米国では5.69ドル。つまり、ビッグマック指数は1ドル＝84円。これが合理的な、つまり日米のビッグマックが同じ価格で買えるドル円相場なのですね。

　しかし現実には、1ドル＝150円です。つまり「480円をドルに換えると3.2ドル。これではとても5.69ドルのビッグマックは買えない」という状態なのです。海外旅行に行った人が経験するように「海外の値段はとんでもなく高い」となるわけです。

　もっともこの指数は、ビッグマックだけの価格を基準に置いたものであり、より広範囲の物資、製品、サービスなどを対象とした購買力平価でみると、2024年7月時点のIMFの試算だと1ドル＝94円程度。つまり現実のドル円相場は、これに比べて優に50円以上は円安なのです。

第7章　これからの為替相場を読むために

283

2024年時点では、購買力平価を突っ切って大幅に円安が進行しているというわけです。

　従来は、購買力平価から現実の円相場が乖離すると、ほどなくそれが修正され、購買力平価に収れんしました。281ページの図に見る通りです。しかし、今回はすでに購買力平価から大幅に乖離してから3〜4年を経ているのに、その動きはあまり見られません。

　さて、問題はここで何が起こっていたのか、なのです。

■日米金利差の急拡大が円安を促進

　実はこの時期には、物価が為替相場に及ぼす影響よりはるかに強い別の力が働いたのです。

　その1つは、日米の金利差の急拡大です。すでに述べた通り、2021年頃から米国金利は大幅に上昇、それに対し日本の金利は超緩和政策の下でゼロ近辺だったため、一気に金利差が拡大、これが円安を推し進めたのです。

　もう1つ。米国金利が上がったのに景気はそれほど悪くないと読んだ海外投資家が、円キャリートレードを活発化させたことも円安に拍車をかけました。すでに述べた通り、景気が良好で人々が安心して投資できる環境では、円キャリートレードが活発に行われます。これらの金融要因が、とても大きなエネルギーを持ったのです。物価が、為替相場に与える影響をねじ伏せたとでもいえばいいでしょうか。

　短期的には、こうした金利差、円キャリーといった金融要因が、実体経済からの影響を圧倒することがたびたび起こります。2024年現在、私たちはこのことを体験しているのです。

6 購買力平価を突き抜けて円安が進行②

　購買力平価を大きく逸脱して、円安が進行している背景にあるもう１つの重要な要素を、ここで取り上げておかねばなりません。今後の為替相場を読む上でとても重要な日本の貿易収支です。
　「いま進行中の円安は日米金利差や円キャリーだけではないぞ」「日本の貿易収支が赤字に転落してきたことが効いてきた」。2023年頃から、こんな見方が急速に広がってきたのです。

■ 2011年から貿易赤字に転じた日本

　もう一度振り返っておきましょう。グラフに見る通り、長期にわたって巨額の貿易黒字を稼ぎ続けてきた日本は、2011年からは貿易赤字に転じてきています。もちろん、貿易赤字は輸入額＞輸出額である以上、"円売り・ドル買い"が"円買い・ドル売り"を上回っているのです。

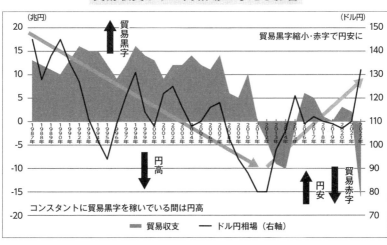

貿易収支がドル円相場に与える影響

つまり、金利差や円キャリーといった金融要因だけではなく、実体経済そのものの貿易要因が、円安をもたらしているのです。

では、この購買力平価を逸脱したレベルにまで進んだ円安は、いったい私たちの日常生活にどんな影響を及ぼしているのでしょうか？　一言でいうと「**見た目の円安以上に円安が進んでいる**」ということです。つまり、円安に伴うメリットもデメリットも、数倍になって私たちに影響を与えつつあるのです。

最もわかりやすいのは海外旅行です。ドル円相場が購買力平価と同じ水準だと、私たちは円をドルに換え海外で食事、ショッピングを楽しんでも、「海外の物価は割高だ」とは思いません。何しろ、「どの国で買っても同じ価格で買える（世界同一物価）」というのが購買力平価なのですから。

しかし、特にこの数年、海外の物価がとても高いことを、多くの方がすでに経験された通りです。米国どこへ行ってもラーメンが１杯3,000円、変哲もないビジネスホテルの宿泊料金が、平気で１泊３万円〜５万円します。

逆に、輸出企業にとってはこの事態は、思ってもみなかった僥幸であることは言うまでもありません。実際、トヨタ自動車を筆頭に、輸出企業は近年過去最高の利益を稼ぎ出していることは、多くの人が知る通りです。

思い切って簡略化すると、ドル円の購買力平価が１ドル＝100円なのに、実際には１ドル＝150円であるという状態は、物価を考慮した実質ドル円相場は、１ドル＝150円から50円分（購買力平価と名目ドル円相場の差）円安の方向にずらした１ドル＝200円だとイメージすればわかりやすいです。

219ページで取り上げた「名目ドル円相場を見ていても気づかない

286

が、円の実力は50数年前の1ドル＝360円という固定為替相場時代の水準に逆戻り」というのは、実はこういうことだったのです。

●コラム●　「ドル円相場が変わらないのに
　　　　　　実質的には円安」ってどういうこと？

　ドル円相場が変わらないと、私たちは「円相場は変化なし」「輸出入の環境も変わらず」と考えがちです。しかし、購買力平価の観点からすると、これは正しくありません。なぜでしょうか？

　購買力平価では、「インフレ率の低い国の通貨は上がるのが自然」だと考えます。つまり、「インフレ率が低いのに為替レートが変わらなければ、実質的にはその通貨の価値は下がっている」ということなのです。物価を考慮した実質為替レートの方が、物価を考えに入れない名目上の為替レートよりも実体経済への影響をより正しく表しているためです。

　この「名目」と「実質」の違いは、為替だけでなく多くの経済指標で重要です。

　例えば、

①預金金利が２％から３％に上がっても、インフレ率が１％から４％に上昇すれば、実質金利は１％からマイナス１％に下がります。

②賃金が３％増えても、物価が４％上がれば、実質賃金は下落しています。

　為替市場でも同じです。名目上のドル円相場の数字だけでなく、それが購買力平価からどれだけ離れているかを確認することで、円相場が実体経済に与える本当の影響を理解できるのです。

ドル高が世界景気の低落を予想させる理由

　ドル相場と世界景気の関係については、しばしば「ドル高は世界経済にブレーキをかける」と表現されます。しかし、これに対して「？」と反応される方もいるのではないでしょうか？　「ドル高は米国の景気が良好であるということの表れだから、米景気が世界に波及し、世界景気にもいい影響を与えるのではないの？」と反応される方が多いのじゃないかと思うのです。

　しかし、過去の経験則に照らしてみると、「ドル高の時は世界景気は後退」「世界景気が上向いている時にはドル安」のことが多いのです。グラフはそのことを物語っています。

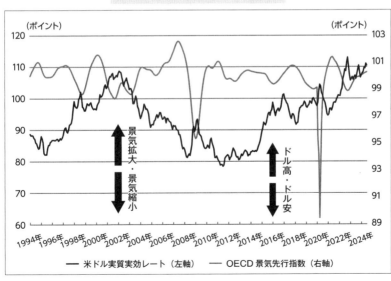

逆行するドル相場と世界景気

世界全体の景気の浮沈を端的に示すOECD景気先行指数と、ドルの総合的な力を示す実質実効レートを描いてみると、確かに逆行していることが多いことがわかります。

　ではなぜ、事実は私たちの直感を裏切ってきたのでしょうか？「なぜ、ドル高が世界経済を低迷させてきたのか」

　ここで、ちょっと閑話休題です。
　「いや、この2つのデータは単に相関を示しているだけで、因果関係を示しているとは限らない」「ましてや、ドル相場が原因となって世界景気に影響を与える、という因果関係をいきなり持ち出すのは乱暴」「逆に、世界経済がドル相場に影響を与えるという側面もあるはず」という反論が聞こえてきそうですね。統計学の基本から言うと、これは正しいです。前者は一般論としてその通りだし、後者も「確かにね」とうなずかざるを得ません。

　でもここでは、私たちが得たこれまでの経験則からは、ドル相場と世界経済には因果関係があると見たほうがよさそうです。
　ただ、これについては一言。確かに、世界経済の不調（低落）がドル高をもたらすという方向での因果関係はあります。これまでにも説明した通り、「**世界経済が不調→安全な通貨を選びたい→ドル高**」というメカニズムがそれです。
　それを了解した上で、ここではあえて「**ドル高→世界経済不振**」「**ドル安→世界経済好調**」のメカニズムをお話しします。

■ ドル高は他国通貨安→インフレを伴う

　ドル高は、米国金利高とセットになっているのが普通です。つま

り、米国金利が上がるとドル高になるという理屈です。金利が上がれば、他国通貨が売られてドル買いに向かうため、ドル高になるのはごく自然です。

最近だと、2021年からドル金利の上昇でドル高が一気に進むと同時に、景気指数は下がっています。この時期は、円に対してドルが上がっただけではなく、ほかの多くの通貨に対してもドル高だったことは、図中のドル相場はドルの総合的な実力を示す実質実効為替レートであることでわかります。つまり、この時期には円以外の多くの通貨もドルに対して下がったのです。

新興国を含むこれらの通貨が、ドルに対して下がるとどうなるでしょうか？ これらの国は、確実にインフレが進みます。これは、世界経済で存在感を高めてきたブラジル、インド、インドネシア、メキシコなどの国民の生活レベルを下げることは言うまでもありません。

また、企業は窮地におちいります。これらの国では生産設備やコンピュータ技術などの基本設備が不足しています。一方、家計も預金などの金融資産がまだ貧弱なので、企業が設備を充実させるための資金を供給する余力がありません。つまり、国内では資金を十分賄えないのです。

では、どうするか？ 海外の銀行などから借りざるを得ません。その場合、通常は米ドルで資金を借り入れます。ここでドル高・新興国通貨安が進むとどうなるでしょう？

お金を貸した米国などの金融機関は、貸したお金を引き上げようとします。これは新興国の産業資金の枯渇に直結することは言うまでもありません。

■ ドル高で新興国の借り入れコストが膨張

　さらに重要なのは、自国通貨が安くなれば、ドル建てで借りている新興国企業の実質的な（自国通貨建てでみた）借り入れコストが膨らむことです。

　わかりやすいようにドル円で考えてみましょう。

　日本企業が、米国の金融機関から１ドル＝100円で１億ドルを借りていたら、円では100億円借りたことになります。その後、円安になって１ドル＝200円の時に1億ドルを返すには、200億円払わなければなりません。これが「為替相場が下がると、自国通貨建てでの借入れコストが上がる」ということです。

　つまり、海外から借りていた資本が引き上げられ、さらには返済しなければならない借入金の実質コストが膨れ上がります。企業業績は当然悪化します。

　景気が悪化すれば、税収は落ち、財政は逼迫します。そして、最終的に政治も不安定な状況になり、さらに通貨は下がります。このような負のスパイラルに陥るのです。

　こんな状況になれば、日本、欧米先進国からの新興国向けの輸出は鈍ります。そして、それが先進国の産業をも疲弊させます。かくして世界経済が後退に向かうというわけです。

　こんな経験を私たちは幾度となく経験してきました。だからドル高が進むと、世界は身構えるのです。とくに近年では、世界経済に占める新興国経済のシェアが高まってきているので、以上のメカニズムがより強く働くようになってきています。

原油価格とドル相場はなぜ逆行するのか？

　世界経済に重大な影響を与える要因として、しばしば注目を浴びるのが、原油価格の急変動です。原油価格の上昇が、世界的なインフレを引き起こし、各国の経済を混乱に陥れた事例は枚挙にいとまがありません。

　古くは1970〜80年代の2度にわたるオイルショック。これを機に日本は、それまでの高度経済成長から一気に低成長時代への転換を余儀なくされました。

　最近だと、2020年から原油価格の急上昇が世界的なインフレを招きました。これが、米国などの海外諸国の矢継ぎ早の利上げを誘い、日本との金利差が拡大したため一気に円安が進んだことは、これまでには再三話してきました。

　これらは、いずれも原油価格の予想外の変動が直接の引き金となっています。

　では、この原油価格の変動は、世界の基軸通貨である米ドル相場とどのような関係にあるのでしょうか？

　最もスタンダードな見方は、原油価格とドル相場は「逆」に動くというものです。これは、これまでの経験則に基づくものであり、実際にデータを見てもその傾向が見て取れます。

逆行する米ドル相場と原油価格

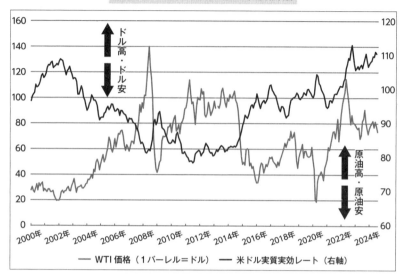

※このグラフではドルレートとして、ドルの実質的な為替レートを示すドルの実質実効為替レート指数を採用してあります。

■ 米ドルと原油価格が逆行する3つの理由(わけ)

米ドルと原油価格が逆に動きがちである理由は主に3つあります。

①世界の原油取引はドル建てです。ドル高になると、他の通貨を使う国では原油が割高になります。例えば、原油が100ドル／バレルで、為替が1ドル100円から200円になると、日本では1万円から2万円／バレルに上がります。これにより原油の購入量が減り、原油価格が下がります。つまり、ドル高が原油安につながるのです。

②アメリカの金融政策は、ドル相場に大きく影響します。金融緩和でドルが市場に増えると、ドル安になりやすくなります。同時に、

第7章　これからの為替相場を読むために

余ったお金が投機を伴って原油購入に向かうため、原油価格が上がります。つまり、ドル安の時は原油価格が上がりやすいということです。

③ドルと原油はともに投資の対象です。ドル高の時はドルへの投資が増え、原油への投資は減ります。結果として、ドル高・原油安となります。これは、投資家が常により有利な選択肢を選び、不利な方を避ける行動をとるためです。

　これ以外にも、前項で取り上げたようにドル高は世界経済を悪化させることが多いため、原油への需要が減り、原油価格が下がるという点も挙げられます。

■ 近年は逆転しつつあるドルと原油の関係

　しかし、前ページの図にある通り2021年くらいからこのドル相場と原油価格の関係が、それ以前とは一変していることが読み取れます。何が起こっているのでしょうか？　主な要因を2つ挙げておきます。

①中東などの産油国で政治的混乱が起きると、原油供給が減って価格が上がります。同時に、世界的に不安が高まります。こういう時、安全な資産として世界の基準通貨であるドルが買われ、ドル高になることがあります。

　2022年のロシアのウクライナ侵攻時には、原油価格が急騰し、同時にドルも買われてドル高になりました。つまり、世界情勢の不安定さが、原油高とドル高を同時に引き起こしたのです。

②米国は、2015年に長年続けた原油輸出禁止を解除しました。この頃から、新技術により原油やシェールガスの生産が大幅に増え、

295

2020年には石油の純輸出国になりました。これにより、原油価格の上昇が米国経済に与える影響が変わりました。

　つまり、原油高が米国経済を拡大させ、それがドル高を促す要因になり始めたのです。

ドル円相場の季節性をどう読むか？

　需給バランスで価格が決まる市場性商品には、季節によって特異な動きがみられることがあります。**季節的な変動**とか**季節性**と呼ばれるものです。季節によって取引に伴う売り（供給）、買い（需要）に特殊な事情が反映することがあるからです。

　株価でいうと、夏が近づくとサマーバカンス用商品を扱う会社の株価が上がるとか、2月、8月は産業活動が鈍りがちで出来高も少なく、株価はさえないといったことです。では、ドル円相場にはこのような季節性はあるのでしょうか？

　よく取り上げられるのは次の通りです。

■ 日本側の事情は？

　まず、日本の多くの企業が決算を迎える3月末に向けて、円高傾向になることがあります。これは日本企業が、海外子会社からの配当金などを本国に還流させる動きが影響しています。

　続いて4月から5月にかけては、新年度の始まりとともに円安傾向になることがあります。この時期、日本の機関投資家が海外資産への投資を積極的に増やす傾向があるためです。

　また、ゴールデンウィークや夏の休暇シーズンなどの旅行シーズンには、個人旅行者による外貨（ドル）需要が増え、円がドルに対して弱くなることがあります。

　12月にも、年末年始の国内旅行シーズンで円売りドル買いの需給が生じ、円安傾向となりがちです。

■ 米国側の事情は？

　以上はいずれも日本側の事情ですが、前に説明した通り、ドル円相場は日本よりむしろ、米国側の事情で動くことが多いと考えられています。では、米国の側から見た場合のドル円相場の季節性は、どう見ればいいでしょうか？

　7月中旬から8月中旬過ぎにかけては、米国系のヘッジファンドの為替担当者が夏季休暇を取得するに際して、投資リスクを軽減するために、安全資産の円を買うので円高になりがちです。

　9月は多くの米国企業にとっては会計年度末にあたり、利益確定のために株式の売りが膨らむことに伴って、リスク回避の円買いが優勢になりがちです。これは、株を売却したマネーを安全資産の円にシフトする動きが優勢になるという意味です。

　ただし、データを見る限り、昨今では以上のような季節性は薄れてきています。

　1つ目は、以上のような季節の特殊性による通貨の売り買いよりも、金融政策が為替相場に与える影響が格段に強くなってきているためです。これは過去10〜20年を振り返ってみてもよくわかることです。

　2つ目には、外国為替取引では自動売買システムを使った取引シェアが増えており、季節要因以上の影響力を持つに至ったこともあります。

　実際、次ページの表を見ても、以上のような季節性が反映されたとみなせる痕跡はあまりありません。為替相場を読むに際しては、これらの季節性を踏まえつつも、同時に各国の金融政策や経済指標の発表スケジュール、主要な政治イベントなども考慮に入れた、より総合的な判断をすべきでしょう。

ドル円相場の季節性を検証する

年	1月(相場)	1月(%)	2月(相場)	2月(%)	3月(相場)	3月(%)	4月(相場)	4月(%)	5月(相場)	5月(%)	6月(相場)	6月(%)	7月(相場)	7月(%)	8月(相場)	8月(%)	9月(相場)	9月(%)	10月(相場)	10月(%)	11月(相場)	11月(%)	12月(相場)	12月(%)
2000年	106.91		109.66		105.3		106.45		107.31		105.41		109.5		106.41		107.73		108.79		111.05		114.89	
2001年	116.36	8.8	116.42	6.2	125.25	18.9	124.04	16.5	119.04	10.9	124.25	17.9	124.77	13.9	118.9	11.7	119.27	10.7	121.82	12.0	123.97	11.6	131.45	14.4
2002年	132.92	14.2	133.87	15.0	132.7	5.9	127.95	3.2	123.95	4.1	119.2	-4.1	119.8	-4.0	117.95	-0.8	121.77	2.1	122.46	0.5	122.42	-1.3	119.35	-9.2
2003年	119.19	-10.3	117.73	-12.1	119	-10.3	119.44	-6.7	118.61	-4.3	119.8	0.5	120.09	0.2	117.11	-0.7	110.47	-9.3	108.98	-11.0	109.33	-10.7	106.95	-10.4
2004年	105.87	-11.2	109.07	-7.4	110.74	-6.9	110.43	-7.5	109.55	-7.6	108.68	-9.3	111.66	-7.0	109.85	-6.2	110.9	0.4	105.85	-2.9	103.15	-5.7	103.77	-3.0
2005年	103.56	-2.2	104.57	-4.1	106.95	-3.4	105.86	-4.1	108.18	-1.3	110.36	1.5	112.17	0.5	111.4	1.4	113.26	2.1	115.65	9.3	119.45	15.8	117.47	13.2
2006年	117.16	13.1	116.34	11.3	117.46	9.8	114.31	8.0	111.84	3.4	114.65	3.9	114.46	2.0	117.21	5.2	118.03	4.2	117.73	1.8	116.1	-2.8	118.9	1.2
2007年	121.32	3.6	118.58	1.9	118.03	0.5	119.39	4.4	121.61	8.7	123.47	7.7	118.98	3.9	116.22	-0.8	115.25	-2.4	114.76	-2.5	110.28	-5.0	113.1	-4.9
2008年	106.61	-12.1	104.33	-12.0	99.35	-15.8	104.04	-12.9	105.44	-13.3	105.32	-14.7	108.11	-9.1	108.79	-6.4	104.75	-9.1	97	-15.5	95.29	-13.6	90.26	-20.2
2009年	89.49	-16.1	97.85	-6.2	98.3	-1.1	97.66	-6.1	96.6	-8.4	95.55	-9.3	95.6	-11.6	92.76	-14.7	89.74	-14.3	91.09	-6.1	86.14	-9.6	92.12	2.1
2010年	90.18	0.8	89.28	-8.8	93.26	-5.1	94.17	-3.6	91.47	-5.3	88.65	-7.2	86.36	-9.7	84.22	-9.2	83.31	-7.2	80.67	-11.4	84.02	-2.5	81.5	-11.5
2011年	82.03	-9.0	81.67	-8.5	82.83	-11.2	81.59	-13.4	81.59	-10.8	80.41	-9.3	77.58	-10.2	76.57	-9.1	76.69	-7.9	78.8	-2.3	78	-7.2	77.56	-4.8
2012年	76.29	-7.0	80.48	-1.5	82.18	-0.8	80.73	-1.1	78.8	-3.4	79.6	-1.0	78.27	0.9	78.45	2.5	77.57	1.1	79.72	1.2	82.62	5.9	86.31	11.3
2013年	90.91	19.2	92.35	14.7	94.03	14.4	97.82	21.2	100.62	27.7	98.82	24.1	97.84	25.0	98.05	25.0	97.88	26.2	98.33	23.3	102.23	23.7	105.36	22.1
2014年	102.48	12.7	101.65	10.1	102.97	9.5	102.5	4.8	101.63	1.0	101.38	2.6	102.86	5.1	103.82	5.9	109.41	11.8	111.22	13.1	118.22	15.6	119.79	13.7
2015年	117.89	15.0	119.28	17.3	120.2	16.7	118.89	16.0	123.74	21.8	122.24	20.6	124.21	20.8	121.18	16.7	120.02	9.7	120.73	8.6	122.82	3.9	120.41	0.5
2016年	120.62	2.3	112.98	-5.3	111.79	-7.0	111.28	-6.4	111.13	-10.2	102.69	-16.0	103.61	-16.6	103.27	-14.8	100.89	-15.9	104.91	-13.1	112.72	-8.2	117.1	-2.7
2017年	113.52	-5.9	112.3	-0.6	112.42	0.6	109.39	-1.7	110.95	-0.2	112.05	9.1	110.62	6.8	110.48	7.0	112.45	11.5	113.08	7.8	112.28	-0.4	112.64	-3.8
2018年	108.69	-4.3	107.07	-4.7	106.18	-5.6	107.07	-2.1	108.76	-2.0	110.63	-1.3	111.39	0.7	110.8	0.3	113.43	0.9	113.19	0.1	113.46	1.1	110.39	-2.0
2019年	108.72	0.0	110.75	3.4	110.74	4.3	111.67	4.3	108.77	0.0	107.63	-2.7	108.55	-2.5	106.51	-3.9	107.85	-4.9	108.6	-4.1	109.49	-3.5	109.14	-1.1
2020年	109.03	0.3	108.83	-1.7	108.41	-2.1	106.59	-4.5	107.2	-1.4	107.72	0.1	104.44	-3.8	105.82	-0.6	105.61	-2.1	104.35	-3.9	104.02	-5.0	103.32	-5.3
2021年	104.54	-4.1	106.08	-2.5	110.73	2.1	108.88	2.1	109.71	2.3	110.54	2.6	109.52	4.9	109.81	3.8	111.87	5.9	113.6	8.9	113.18	8.8	115.11	11.4
2022年	115.42	10.4	115.49	8.9	121.63	9.8	130.59	19.9	127.75	16.4	136.19	23.2	132.77	21.2	138.58	26.2	144.31	29.0	148	30.3	138.52	22.4	132.13	14.8
2023年	130.14	12.8	136.75	18.4	133.12	9.4	135.71	3.9	139.74	9.4	144.84	6.4	142.17	7.1	145.9	5.3	148.76	3.1	150.28	1.5	147.05	6.2	141.39	7.0
2024年	147.65	13.5	149.66	9.4	151.33	13.7	156.85	15.6	157.14	12.5	160.92	11.1	150.9	6.1	144.93	-0.7								
円高回数	10		13		13		11		11		12		10		9		12		9		10		12	
円安回数	14		11		11		13		13		14		14		15		12		14		13		11	

データ出所：コロンビア大学ビジネススクールのデータに基づき著者作成

10 為替相場予測のための4つの視点

　これまで説明した通り、為替相場に影響を与える要因はきわめて多様、かつその範囲もグローバルです。狭い意味での経済事情だけではなく、政治、地政学、天候などあらゆる要素を取り込みながら時々刻々と動きます。このため、その将来の動きを予測することは困難ですし、その本格的な研究もまだ緒に就いたばかりです。

　しかし、だからといって「明日は明日の風が吹く」というわけにもいきません。ここでは、これまでの説明を下敷きに、為替相場の将来像を描くための手がかりを、いくつか示しておくことにします。

■ 購買力平価に収れんするか

　中長期的な為替相場の動きを読む際に、とても重要な手がかりを与えてくれるのが、購買力平価です。ドル円相場についていうと、ある時点で日本と米国の物価が均衡するような理論的なドル円相場が購買力平価です。本章の5〜6項でも取り上げた通り、2024年半ば現在の円の購買力平価は、調査機関によって異なりますが、おおむね1ドル＝90円〜100円台です。

　つまり、過去の経験則からみると150円というドル円相場は購買力平価からは40〜50％も円安方向に乖離しているのです。購買力平価の考え方からみる限り、これは「今後は購買力平価に向かって円高に進む公算が高い」ことを示唆しています。

　少なくとも2024年7月に一時的にせよ160円台まで進んだ円安は、その後は購買力平価に収斂するように150円前後へと戻しています。

　もっとも、2020年頃から、数年にわたって購買力平価を逸脱した

円安が続き、購買力平価への回帰が見られないことには、理由があるはずです。これまでにも述べた通り、日本の貿易収支が近年に至り、急激に赤字に転じてきたことが理由の1つです。この赤字基調が続く限り、現実のドル円相場は購買力平価より円安方向に逸脱した状態が続く可能性も高いと思われます。

出所：国際通貨研究所

■ 日米金利差

短期的なドル円相場を決める要因として、とても強いエネルギーを持つのが日米の金利差です。

金利差の分析には、主に2つの異なるアプローチがあります。1つは政策金利を基準とする方法であり、もう1つは10年物長期国債の利回りを基準とする方法です。

政策金利の差が動き始めると、ドル円相場はこれに強く影響を受けます。しかし、長期金利は短期の政策金利の動きを先取りする傾向があります。このため、半年から1年以上先のドル円相場を予測

するには、まずは10年国債の利回り差に注目することが重要です。

金利差でドル円相場を読む

日本国債10年　　米国国債10年　　米10年−日10年　　ドル円相場（右軸）

■ 日本の貿易収支

　前にも触れた通り、2020年頃から購買力平価を突き抜けた円安が続いている原因の１つは、日本の貿易収支が赤字に転じてきたことです。つまり「双方の国の物価が等しくなるようにドル円相場が決まる」よりも「日本の貿易赤字による円安圧力」の方がより大きなエネルギーを持ち始めたと考えられるのです。

　長期的に見ても、日本の貿易収支はコンスタントに黒字を続けてきていたので、基調的には円高が続いてきました。ところが、2010年代から日本の輸出に陰りが見え始めたのに続き、2020年頃からの原油価格の上昇によって、日本は毎月のように大幅な貿易赤字を計上することになってしまったのです。

　しばらくは、**日本の貿易収支がドル円相場に対する影響力は高まる**のではないかと考えられます。あるいは、これにサービス収支を

第７章　これからの為替相場を読むために

加えた**貿易サービス収支の動向にも注意**が必要です。

　特に最近取り上げられるのが、サービス収支の赤字も拡大する一方であることです。その主な原因は俗に**デジタル赤字**と呼ばれるものです。これはNetflix、Amazon、Microsoftのほか最近では、チャットGPTなど米国系生成AI企業への支払いが急増しているためです。

貿易収支でドル円相場を読む（再掲）

■ 専門家の意見を知るQUICK外為月次調査

　最後に、専門家の見解を知ることも為替予想のためにはとても有用です。

　外国為替市場に直接参画しているわけではない私たちには、**市場参加者のセンチメント**（相場に対する微妙な感覚）はなかなか知りえるところではありません。しかし、現実の為替相場を動かしているのは、市場参加者のセンチメントです。これを間近に知る立場にいる、外為関係者の近い将来の為替相場の読み方には注目しておく価値はあります。

　最も手近なところで、この専門家の見方に接するためにおすすめ

できるのが**QUICK外為月次調査**です。

　日経新聞の関連会社であるQUICK社が毎月、金融機関や事業会社の為替担当者70人程度にアンケートをした結果を取りまとめたものです。

　為替相場の動向を読むための各識者の見方を紹介した上で、数カ月～半年程度先のドル円相場の水準についてのアンケート結果をグラフ等で示してくれます。

　その為替相場水準の予想レンジの分布結果もさることながら、直近時点で専門家は何に着目して為替相場を読もうとしているか、を知ることに意味があると思います。

　ちなみに2024年7月調査だと、米FRBと日銀それぞれの利下げ、利上げ時期についてのアンケートが中心テーマ。8月調査だと11月に行われる米大統領選挙でトランプ氏、ハリス氏のどちらが勝利するとドル円はどのように動くか、がメインテーマとして取り上げられています。

　各回の文章量は1,000文字程度であり、3分もあれば目を通せます。

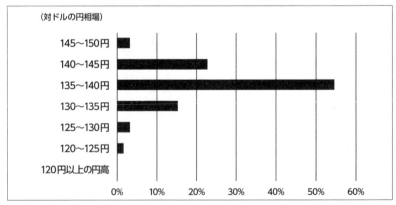

出典：QUICK外為月次調査（2024年8月14日公表分）

第7章　これからの為替相場を読むために

●コラム●　円安により日本は稼ぐ国ではなく消費する国に

　近年円安が進むにつれ、海外の人々が日本を見るイメージが徐々に変わりつつあります。

　例えば、１ドル＝100円の時に、日本の食パンは400円、米国では４ドルだとします。この時、日本の食パンはドル換算で４ドルなので、日米の価格差はありません。

　しかし、円安が進み１ドル＝200円になるとどうか。日本の食パンのドル換算価格は２ドルと半額になります。つまり、海外の人から見ると、日本の食パンが割安になるのです。

　賃金についても同様。日本の労働者の時給が2,000円、米国の労働者の時給が20ドルだった場合、１ドル＝100円だと日米の時給は同水準です。しかし、１ドル＝200円になると、日本の賃金はドル換算で10ドルと、米国の半分になります。

　このように、円安で日本の物価や賃金が割安になることは何を意味するのでしょうか。海外の人たちから見て、日本はモノを安く買えるので観光、消費地としては魅力がある一方、働く場としては魅力が乏しい国になるのです。

　実際その兆候は、2023年頃から出始めてきました。観光客の急増に伴ってインバウンド消費が激増し、一部ではオーバーツーリズムがもたらす弊害を指摘する声も上がり始めていることは、よく知られている通りです。

　一方、日本国内の外国人労働者の数は2023年時点ではまだ増加していますが、その国籍を見ると微妙に変化しています。中国、韓国の人々が減る一方、フィリピン、ネパール、インドネシアの人々の割合が高まってきているのです。自国での賃金水準が上がるとともに、円に対する為替相場が上がった中国や

韓国の人々にとって、日本は働いて稼ぐ場所としての魅力が薄れてきたのが一因です。

今後、円安によって外国人労働者の増加に歯止めがかかれば、人手不足を外国人労働者で補なおうとする現在のわが国の経済政策には、逆風となる可能性があります。

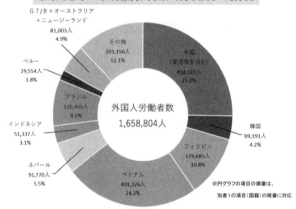

出所：厚生労働省「『外国人雇用状況』の届出状況まとめ（令和元年10月末現在）」

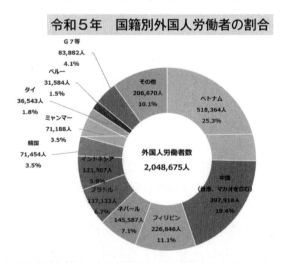

出所：厚生労働省「『外国人雇用状況』の届出状況まとめ（令和5年10月末現在）」

ビッグマック指数で有利な海外旅行先候補を見つける法

「こんなに円安じゃあ、とても気軽に海外旅行ってわけにはいかないよね」。こんなボヤキを時折聞きます。確かにデータで見る限り、海外旅行はかんばしくありません。2024年の海外旅行客は、コロナパンデミック直前の2019年比で30～40％は減少しています（1～9月期）。

しかし、海外旅行が振るわないのは何も円安だけが理由ではありません。確かに、米ドルやユーロなどに対して円は相当下げたのですが、この間に円高が進んでいる通貨も少なくないのです。

円が本格的に下げ始めた2013年を起点にすると、ドルは円に対して2倍、ユーロでも1.6倍くらいに上昇していますが、一方では対

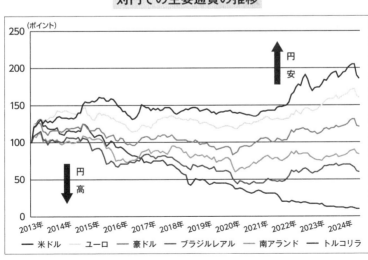

対円での主要通貨の推移

円で下げている通貨も少なくありません。ブラジルレアルや南アフリカランドは2〜3割、トルコリラに至っては10分の1近くにまで暴落しています。

そこで「ではトルコへ旅行すればずいぶん贅沢ができるわね」とお考えになるでしょうか？ 2013年には1トルコリラ＝44円だったのが、2023年には8円くらいです。つまり、5〜6分の1の円で同じトルコリラに換えられる。これだけを見れば、たしかにトルコへの旅行では贅沢できそうです。

■**通貨安でも物価が上がっているのなら…**

しかし、すでに購買力平価の考え方を知った皆さんだったら、これを鵜呑みにはできないはずです。

なぜか。いくらトルコリラを安く買えても、トルコの物価が上が

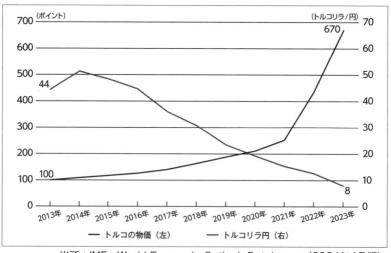

トルコリラ安だが物価は高騰

出所：IMF - World Economic Outlook Databases（2024年4月版）

第7章 これからの為替相場を読むために

っていれば、ぜいたくはできないからです。調べてみると案の定。この10年の間にトルコの消費者物価は7倍近くに上がっています。お金の使い勝手がいいかどうかは、為替レートだけではなく、現地の物価も同時に考えに入れなければならないのですね。

　さて、円の本当の使い勝手を判断するにはどうすればいいか？　原則から言うと、為替レートが購買力平価より割安になっている国（通貨）がねらい目です。すでに述べた通り「購買力平価」とは「世界同一物価となるような為替レート」です。つまり「実際の為替レートが購買力平価と同じ」である国への海外旅行だと「得でもなければ損でもない」のです。

　ということは、実際の為替レートが購買力平価より割安な国（通貨）への旅行が得、だということになります。

　では、それを知るにはどうすればいいか？　そのヒントを与えてくれるのが、ビッグマック指数です。これは、どこの国でもほぼ品質が等しいビッグマックを例にとり、その価格が同じになるような為替レートを算出します。これが「購買力平価」です。そして、実際の為替レートがこれからどれだけ乖離しているかを示してくれるのがビッグマック指数です。

　例えば、2024年7月時点での日米のビッグマック価格は、480円、5.69ドルです。これが同じ価格になるような購買力平価は84.36円。これに対して実際のドル円レートは150円でした。つまり円は44％割安であり、米ドルは78％割高だったのです（この数値の違いは183ページ参照）。

　あるいは、日本の480円というビッグマックを基準にすれば、1

309

ドル＝150円の時には、米国のビッグマックは3.2ドルであれば「日米のビッグマックは同一価格」なわけです。しかし、実際には5.69ドル。つまり米国のビッグマックは78％割高だということになります。

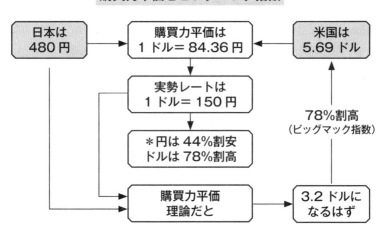

　一般には米ドル基準のビッグマック指数が示されますが、円を基準にしたビッグマック指数だと、次のページの図のようになります。台湾、インドネシア、エジプトなどのビッグマックは２〜３割安く買えることが分かります。逆にスイスは2.5倍、米国でも８割近く高い価格でなければ買えません。
　つまり、ビッグマック指数が大幅にマイナスになっている国への旅行が、お金の使い勝手がいいということになるのです。

　もっともこれはビッグマックだけを基準にしたものであり、海外旅行でのホテルや食事、あるいはお土産などの一般の価格を広くカバーしたものではないことには注意が必要です。

South Korea	Won		25.2
Oman	Rial		24.6
Hungary	Forint		22.2
Qatar	Riyal		20.5
Pakistan	Rupee		19.8
Thailand	Baht		18.7
Azerbaijan	Manat		13.4
Moldova	Leu		12.0
Romania	Leu		10.7
China	Yuan		10.6
Jordan	Dinar		10.5
Japan	Yen		BASE CURRENCY
Vietnam	Dong		-5.6
Hong Kong	HK$		-7.7
Ukraine	Hryvnia		-9.9
Malaysia	Ringgit		-10.3
Philippines	Peso		-10.3
South Africa	Rand		-10.6
India	Rupee		-13.9

Switzerland	Franc		152.8
Uruguay	Peso		121.7
Norway	Krone		112.1
Argentina	Peso		105.2
Euro area	Euro		89.9
Britain	Pound		84.8
United States	US$		78.4
Denmark	Krone		77.3
Costa Rica	Colón		76.3
Sweden	Krona		75.5
Canada	C$		72.9
Poland	Zloty		65.1
Lebanon	Pound		61.0
Mexico	Peso		59.8
Saudi Arabia	Riyal		58.7
Australia	A$		58.6

出所：economist.com

　なお、281ページで実際のドル円相場が2020年から購買力平価から大きく円安方向に逸れている図をご覧いただきました。これは、海外の人々から見て、日本はとても割安に買い物ができる国であることを示しているのです。

　昨今、日本への海外旅行者が急増しているのはあたり前のことだったのです。

　くどいようですが、物価を考慮しない名目上の為替レートだけで海外での旅行ならびに買い物の有利不利を判断するわけにはいかないのです。

【著者略歴】

角川　総一（かどかわ・そういち）

昭和24年、大阪生まれ。証券関係専門誌を経て、昭和60年、(株)金融データシステムを設立し、代表取締役就任。わが国初の投信データベースを作成・運営。

マクロ経済から個別金融商品までにわたる幅広い分野をカバーするスペシャリストとして、各種研修、講演の他、FP等通信教育講座の講師としても活躍。主要著書に、『誰でもわかる　商品先物取引』（ダイヤモンド社）、『為替が動くとどうなるか』（明日香出版社）、『金融データに強くなる投資スキルアップ講座』（日本経済新聞社）、『バランスシート思考のすすめ』（PHP出版）、『改訂版 景気 金利 株 物価 為替の関係がわかるマーケットの連想ゲーム』、『なぜ日本の金利は常に米国より低いのか』（共にビジネス教育出版社）等がある。

為替予想ができる完全マスター

2025年2月10日　初版第1刷発行

著　者	角　川　総　一
発行者	延　對　寺　哲
発行所	株式会社 ビジネス教育出版社

〒102-0074　東京都千代田区九段南 4 - 7 - 13
TEL 03(3221)5361(代表)／FAX 03(3222)7878
E-mail ▶ info@bks.co.jp　URL ▶ https://www.bks.co.jp

印刷・製本／ダイヤモンド・グラフィック社
ブックカバーデザイン／目黒 眞（ヴァイス）
本文デザイン・DTP／ダイヤモンド・グラフィック社
落丁・乱丁はお取替えします。

ISBN978-4-8283-1109-8

本書のコピー、スキャン、デジタル化等の無断複写は、著作権法上での例外を除き禁じられています。購入者以外の第三者による本書のいかなる電子複製も一切認められておりません。